tudo é história

Ciro Flamarion S. Cardoso

O Egito Antigo

editora brasiliense

Primeira edição, 1982
2ª Edição, 2012
1ª reimpressão, 2017

Diretoria Editorial: *Maria Teresa Lima*
Editor: *Max Welcman*
Produção editorial: *Adriana F. Zerbinati*
Produção Gráfica: *Laidi Alberti*
Revisão: *Newton T. L. Sodré* e *José E. Andrade*
Capa: *123 (antigo 27) Artistas Gráficos*
Diagramação: *Carlos Alexandre Miranda*
Atualização da Nova Ortografia: *Natália Chagas Máximo*

Dados Internacionais de Catalogação na Publicação (CIP)
(Câmara Brasileira do Livro, SP, Brasil)

Cardoso, Ciro Flamarion S.
O Egito Antigo / Ciro Flamarion S. Cardoso. – São Paulo:
Brasiliense, 2004. – (Tudo é história; 36).

10ª reimpr. da 1. ed. de 1982.
Bibliografia
ISBN 85-11-02036-5

1. Egito – Civilização 2. Egito – História I. Título. II. Série.

04-2842   CDD-932

Índices para catálogo sistemático:
1. Egito Antigo: Civilização: História 392

editora brasiliense ltda
Rua Antonio de Barros, 1720 – Bairro Tatuapé
CEP 03401-001 – São Paulo – SP – Fone 3062-2700
E-mail: contato@editorabrasiliense.com.br
www.editorabrasiliense.com.br

Sumário

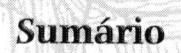

A meus pais

Introdução

O Egito faraônico não somente representa o primeiro reino unificado historicamente conhecido, como também a mais longa experiência humana documentada de continuidade política e cultural. Mesmo não incluindo o período greco-romano – embora os monarcas helenísticos e os imperadores de Roma tenham figurado como "faraós" em monumentos egípcios –, a história do Antigo Egito se estende por uns dois mil e setecentos anos, de aproximadamente 3000 a.C. até 332 a.C.: como todas as datas relativas à civilização faraônica são anteriores à era cristã, eliminaremos doravante a menção "antes de Cristo", a não ser que por alguma razão seja necessária. Tal história conheceu, é verdade, fases de descentralização, anarquia e domínio estrangeiro, mas durante estes longos séculos o Egito constituiu uma mesma entidade política reconhecível.

A continuidade e a longevidade são ainda mais impressionantes do ponto de vista cultural: a antiga língua egípcia manteve-se relativamente estável, embora sofrendo algumas mudanças, durante quatro mil e quinhentos anos. E de cerca de 3000 a.C. até o quinto século da nossa era, muitos outros aspectos atestam, com sua presença ininterrupta, a grande permanência dos padrões culturais egípcios: escrita hieroglífica, concepções acerca da realeza, religião, estilos artísticos, estruturações econômico-sociais... Um egípcio da época das grandes pirâmides (meados do III milênio) que, por um ato de mágica, fosse transportado ao apogeu da XVIII dinastia, mil anos mais tarde, notaria sem dúvida muitas mudanças no país; mas a sua dificuldade de adaptação às novas circunstâncias seria provavelmente bem menor do que a de um francês de 1781 – ou seja, contemporâneo de Luís XVI – que se visse trazido por milagre à França de hoje, apenas duzentos anos depois.

O último faraó – no sentido exato da palavra –, Nectanebo II, morreu na cidade de Tebas em 341, quando uma expedição militar impunha o segundo domínio persa sobre o país: há mais de vinte e três

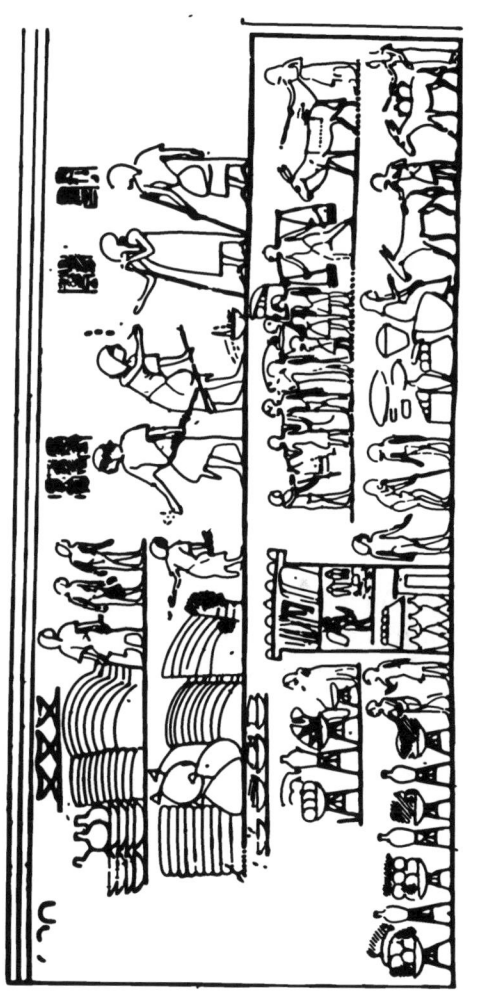

Fig. 1 – O chefe de polícia Mahu se ocupa do abastecimento de seus subordinados – Tumba de Mahu, Tell-el-Amarna. (J. Vandier, Manuel d'archéologie égyptienne, tomo IV, parte I, Paris, editions A. et J. Picard, 1964, p. 707).

séculos, portanto. Um milênio e meio nos separa dos últimos estertores da cultura egípcia antiga. E no entanto esta distante civilização continua despertando hoje um profundo interesse, que não se limita aos especialistas em Egiptologia. Nenhuma outra cultura da Antiguidade inspirou a elaboração de tantos livros de divulgação destinados ao grande público.

A que se deve a atração do Egito antigo? Em parte, talvez às suas já mencionadas longevidade e continuidade. É um fenômeno fascinante o de uma civilização que, através de numerosas transformações, arrosta impávida várias dezenas de séculos sem perda das características essenciais que definem sua especificidade. Outra razão parece ser uma espécie de fascínio exótico e nostálgico exercido sobre o nosso mundo secularizado de hoje por alguns dos elementos culturais do Egito faraônico, em particular a realeza de caráter divino e a religião funerária tão elaborada, com sua obsessão milenar pelo renascer, pela imortalidade.

Em nossa opinião, porém, o mais apaixonante dos traços do velho Egito é outro, que trataremos de ilustrar com um exemplo. Na tumba do chefe de polícia Mahu, em Akhetaton (Tell el-Amarna), que data do século XIV, vemos um mural representando tal funcionário ocupando-se da distribuição de víveres aos seus subordinados. (Ver a Figura 1.) À primeira vista, o que chama a atenção são as convenções da arte egípcia: as personagens de alta hierarquia (registro superior direito) são representadas em tamanho bem maior do que os homens comuns; as figuras humanas aparecem de perfil (embora com os olhos e os ombros de frente); inexiste qualquer efeito de perspectiva. E, no entanto, se observarmos mais de perto a parte direita do mural, no registro superior, entre Mahu e o outro dignatário (espécie de primeiro-ministro, acompanhado por um de seus altos funcionários) que, vestido de uma longa túnica, dá ao chefe de polícia a autorização para retirar os víveres dos depósitos do rei, notaremos no chão um braseiro, o que indica que a cena tem lugar de manhã cedo e no inverno. Logo abaixo, o transporte dos alimentos inspira um quadro pitoresco de grande vivacidade. E no último registro, sempre à direita, estando as vitualhas já entregues, vemos, entre outras figuras, uma camponesa confortavelmente instalada sobre um grande cesto, gesticulando e conversando com um tropeiro... É realmente fascinante tal mistura de convenção e naturalismo, a coexistência, que podemos seguir ao longo de milênios, de solenes cerimônias religiosas e monárquicas com cenas de felicidade doméstica, trabalho agrícola e artesanal, esportes e jogos – enfim, mil detalhes da vida quotidiana de nobres e plebeus.

No século III, isto é, no Egito helenístico, um sacer-
dote – Manethon – escreveu uma *História do Egito*, hoje
perdida. Dispomos, porém, de fragmentos da mesma,
transmitidos por outros autores, e em especial temos as
listas das casas reais ou *dinastias* do Egito faraônico que
elaborou. Manethon deve ter utilizado os arquivos dos
templos de sua época. Apesar de erros contidos em suas
listas, e outros devidos a sucessivos copistas, e embora
saibamos que houve dinastias paralelas (em épocas
de divisão política), efêmeras ou mesmo inexistentes,
o contexto cronológico habitualmente seguido para a
História egípcia continua usando o quadro defeituoso,
mas segundo parece insubstituível, de tais dinastias.
Engloba-as, porém, em divisões mais vastas: Reino
Antigo, Reino Médio, Reino Novo e Época Tardia, sendo
tais fases básicas separadas entre si por três "períodos
intermediários", épocas de anarquia; descentralização
do poder, declínio econômico, ásperas lutas sociais e
políticas e mesmo fases de domínio estrangeiro. Apesar
dos progressos constatáveis na cronologia da História
do Egito antigo, às vezes com base em fatos astronômi-
cos datáveis, muita incerteza subsiste em quase todas as
datas anteriores a 664. A margem de erro no início da
História dinástica é de até 150 anos; as datas do Reino
Médio são em geral bastante seguras; quanto ao período que se estende do início do Reino Novo a 664,

o erro possível é de uma década aproximadamente. O Quadro n.º 1 resume a cronologia da civilização egípcia até a conquista de Alexandre. A não ser para as fases anteriores à primeira dinastia de Manethon, optamos pelas soluções propostas recentemente, em matéria de datação, por: John Baines e Jaromír Málek, *Atlas of Ancient Egypt*, Oxford, Phaidon, 1980, pp. 36-37.

Muitas "Histórias do Egito" são, na verdade, quase exclusivamente Histórias *dos reis* egípcios: suas dinastias, batalhas, conquistas, construções e outros feitos. Uma tal distorção é em parte o resultado do caráter predominante da documentação escrita e arqueológica disponível, a qual ilumina sobretudo a religião e a monarquia. Neste pequeno livro trataremos de dar atenção suficiente – nos limites das dimensões reduzidas da obra – às estruturas econômico-sociais e culturais mais vastas da civilização faraônica, inclusive ao abordar a História política.

QUADRO I:
CRONOLOGIA DA CIVILIZAÇÃO DO EGITO
ANTIGO ATÉ A CONQUISTA MACEDÔNICA.

Período	Dinastias de Manethon	Datas antes de Cristo
Paleolítico e Mesolítico	—	Antes de 4500 (ou 5500 Segundo outros)
Neolítico e Eneolítico (pré-dinástico)	—	De 4500 (ou 5500) a 3000 (ou 3100)
Período da Unificação (protodinástico)	—	De 3000 (ou 3100) a 2920
Dinástico Primitivo	I a III	2920 – 2575
Reino Antigo	IV a VIII	2575 – 2134
Primeiro Período Intermediário	IX, X, parte da XI	2134 – 2040
Reino Médio	Parte da XI, XII A XIV	2040 – 1640
Segundo Período Intermediário	XV a XVII	1640 – 1550
Reino Novo	XVIII a XX	1550 – 1070
Terceiro Período Intermediário	XXI a XXIV; parte da XXV	1070 – 712
Época Tardia	parte da XXV; XXVI a XXX	712 – 332

A Falência da "Hipótese Causal Hidráulica"

O povoamento do Egito é questão das mais discutidas. Há algumas décadas, a teoria mais corrente a respeito ligava-o à formação da ecologia atual do norte da África. Isto porque, durante milênios, o atual deserto do Saara foi região de savanas, habitada por caçadores, pescadores e posteriormente por criadores de gado e agricultores. À medida, porém, que se foi dando o progressivo ressecamento climático responsável pela formação do grande deserto, sendo o Nilo um curso de água perene – por não depender das escassas chuvas egípcias, e sim de fenômenos atmosféricos que se dão bem mais ao sul, na região dos grandes lagos africanos e da Abissínia –, o seu vale foi atraindo cada vez mais saarianos "brancos", do grupo linguístico chamado *hamita*, aos quais se misturaram *semitas* ou *proto-semitas* vindos da Ásia ocidental pelo istmo do Sinai ou atravessando o Mar Vermelho, e *negroides* que desceram o vale do Nilo no sentido sul-norte. Alguns autores, apoiados em argumentos principalmente arqueológicos, afirmavam ter ocorrido também uma migração ou conquista proveniente da Baixa Mesopotâmia, por volta de 3300-3100.

Esta visão, que assegurava serem "caucasoides" (brancos) em forma predominante os antigos egípcios, foi fortemente atacada por historiadores negro-africanos – C. Anta Diop e T. Obenga –, que com argumentos linguísticos (semelhança entre o antigo egípcio e línguas negro-africanas de hoje) e de outros tipos trataram de provar que os egípcios da Antiguidade eram negros. Se o desejo de apresentá-los como "brancos", nos autores do século XIX e começos do século atual, cheirava a racismo, a nova teoria tem fortes conotações sentimentais e sobretudo políticas (pan-africanismo). Este último ponto aparece com clareza num trecho de A. Diop:

"A redescoberta do verdadeiro passado dos povos africanos deve contribuir não para afastá-los uns dos outros, mas para uni-los na plenitude, para cimentá-los de norte a sul do continente, para torná-los aptos a que cumpram juntos uma nova missão histórica para maior bem da humanidade..." (Cheikh Anta Diop, "Origine des anciens Egyptiens", *in* G. Mokhtar, ed., *Histoire générale de l'Afrique*, II, Paris, Jeune Afrique-Stock-UNESCO, 1980, p. 72).

Em 1974, reuniu-se no Cairo um colóquio científico dedicado à questão do povoamento do Egito. Força é confessar que, além de não chegar a resultados conclusivos (o que é de fato impossível com os dados que temos atualmente), a reunião caracterizou-se às vezes por debates estéreis e dogmáticos, baseados em certos casos na distorção dos fatos disponíveis. Felizmente algumas vozes sensatas fizeram-se então ouvir. Mostrou-se ser absurdo querer estabelecer correlações automáticas entre grupos étnicos, línguas e sistemas culturais (a verdade é que termos como "hamita" e "negroide", por exemplo, não correspondem a conceitos claros). Foi lembrado também que o Egito, situado na confluência da África e da Ásia, nunca esteve isolado, sendo inaceitável pretender que sua população foi exclusiva ou predominantemente "branca", tanto quanto "negra", já que tudo indica ter sido sempre muito mesclada, pelo menos desde o Neolítico. E recordou-se que, no fundo, uma discussão abstrata sobre a cor da pele é bastante irrelevante diante de questões bem mais importantes, como por exemplo a necessidade de explicar descontinuidades e continuidades técnico-culturais em distintas épocas no interior do Egito, e entre o Egito e a Núbia. Seja como for, o debate acerca do povoamento egípcio anteriormente à unificação depende de fontes – restos humanos, iconografia, dados linguísticos e etnológicos – em certos casos insuficientes, problemáticas ou mal distribuídas, além de ainda mal exploradas em detalhe. Por exemplo, restos humanos paleolíticos só foram achados na Baixa Núbia; os do Neolítico e do protodinástico cobrem esta última e – insuficientemente – o Alto Egito (ou seja, o Vale do Nilo egípcio, com exclusão da parte setentrional do país, conhecida como Baixo Egito ou Delta). Alguns destes restos são tão fragmentários que não puderam ser objeto de estudos de Antropologia Física. (Ver: *Le peuplement de l'Egypte ancienne et le déchilfrement de l'écriture méroïtique*, Paris, UNESCO, 1978).

Deixando de lado o tema do povoamento, de que maneira, partindo de grupos dispersos de caçadores, pescadores e agricultores primitivos, chegou-se a um único reino egípcio – embora persistentemente dual em caráter (o faraó era "rei do Alto e Baixo Egito", e sua coroa era dupla)?

Estudos paleoecológicos recentes, realizados em particular por K. Butzer e B. Bell, verificaram que, entre 3300 e 3000, ocorreu no Egito uma queda pronunciada da pluviosidade. A agricultura e a criação de gado, antes possíveis numa faixa de cinco a seis quilômetros de cada lado do rio, e em vales tributários (*wadis*), com a extensão das áreas desérticas passaram a ser praticáveis unicamente no vale do Nilo, e no delta formado pelo rio ao desembocar no Mediterrâneo. Por outro lado, entre 3100 e 2700 deu-se uma diminuição dos níveis médios da cheia anual do Nilo. Tudo isto indicaria, então, uma crescente dependência da água do rio, no período 3300-2700, à medida que o país se tornava mais seco. A partir de então, ficou definitivamente estabelecida a atual ecologia do Egito, com suas três regiões: o Delta, com maior extensão de terras aráveis e de pastos, e contendo também muitos pântanos; o Vale, estreita faixa de terra arável apertada entre desertos, que na Antiguidade continha igualmente manchas pantanosas; e o deserto estéril. Ao mesmo tempo, desenvolveu-se crescente mente uma agricultura dependente da irrigação, com aproveitamento e controle do fenômeno natural das cheias anuais do Nilo. (Ver a Figura n.º 2).

Sendo assim, é forte a tentação de atribuir a unificação do Egito num só reino, ocorrida por volta do ano

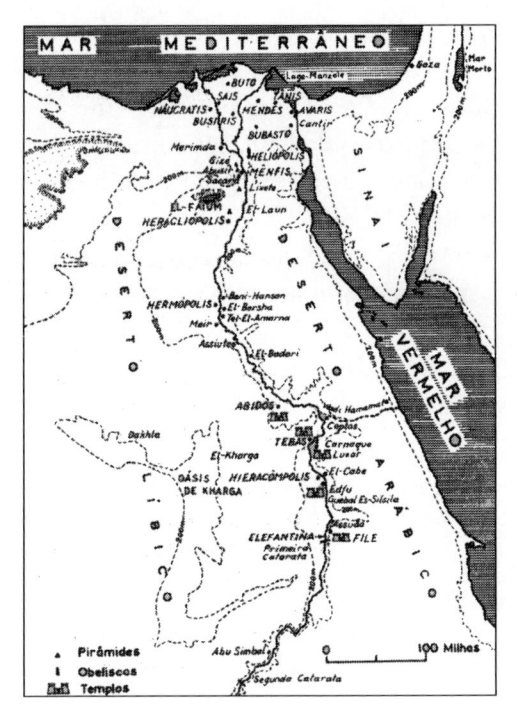

Fig. 2 – Mapa do Egito e da Núbia (o limite
entre Egito e Núbia antigos era a localidade
de Elefantina, junto à primeira catarata do
rio Nilo). (Cyril Aldred, Os Egípcios, Lisboa,
Editorial Verbo, 1972, p. 33.) (note-se que
nem sempre coincidiremos com as opções em
matéria de transcrição de nomes de localidades
antigas presentes neste mapa.)

3000, à necessidade de uma administração centralizada das obras de irrigação para o bom funcionamento da economia agrícola num país de clima desértico. Esta tese foi muito popular no século passado (K. Marx) e em boa parte do nosso século (K. Wittfogel). Um dos últimos a defender uma tal "hipótese causal hidráulica" para os começos do Estado e da civilização no Egito, e para sua posterior estabilidade, foi J. Vercoutter:

> "Há quem se extasie muito a respeito da estabilidade do povo egípcio... Esta característica... foi favorecida pela necessidade de um governo politicamente forte para assegurar a irrigação... (cuja) manutenção não pode ser assegurada senão por um poder central forte que a saiba impor a *todas* as províncias. Assim, todo o sistema político egípcio repousa sobre uma necessidade física, geográfica, da qual não temos equivalente algum em nossas sociedades ocidentais". (Jean Vercoutter, *L'Egypte ancienne*, Paris, Presses Universitaires de France, 1968, 6ª ed., p. 18; existe em português: São Paulo, DIFEL).

Será aceitável uma hipótese deste tipo? Para começar a discussão a respeito, forçoso é constatar que, ao contrário do que geralmente se acredita, as indicações precisas de que dispomos sobre a irrigação do Egito antigo não são muito numerosas. O estudo dos sistemas antigos de irrigação pela Arqueologia é difícil. A agricultura irrigada nunca cessou no país da Antiguidade aos nossos dias, o que significa que os consertos e sucessivas construções novas de diques e canais destroem os traços de sistemas mais velhos.

Hoje como no passado, a maioria dos autores continua interpretando a cena representada na cabeça de tacape do rei Escorpião (por volta de 3000) como significando o rito solene de inauguração dos trabalhos de um canal de irrigação, ou pelo menos como um rito agrário vinculado à agricultura irrigada. Uma tradição relativamente tardia, veiculada por Heródoto, atribui ao primeiro rei da primeira dinastia de Manethon – Menes (não comprovado indubitavelmente com este nome pela Arqueologia) – a construção de um dique para proteger o Delta das inundações mais violentas, ou, segundo outra interpretação, para drenar o território à volta da cidade de Mênfis. Se tal tradição é duvidosa, no Museu Metropolitano de Nova Iorque há uma espécie de bandeja de pedra de começos da I dinastia que comemora a abertura de um lago em Mênfis, talvez para irrigação dos campos circunvizinhos. Quanto a textos escritos explícitos tratando da irrigação, só a partir do Reino Médio se tornam relativamente mais abundantes. Ao contrário da Mesopotâmia, o Egito não nos deixou códigos ou compilações de leis. Quando muito podemos constatar que no principal texto da religião funerária egípcia, o *Livro dos Mortos*, a confissão negativa do morto no tribunal de Osíris inclui alguns elementos que podem ser interpretados no sentido de que desviar ou sujar a água dos canais eram pecados graves para os egípcios; o mesmo texto menciona a existência, no mundo dos mortos, de um "tribunal da irrigação", refletindo um dado real do Egito faraônico.

Um exemplo concreto de generalização insatisfatória feita à base de uma documentação mais do que duvidosa é a atribuição a Amenemhat III (1844-1797), ou a outro rei da XII dinastia, da construção de um imenso reservatório de água para controle da inundação na região do Fayum, equipado com enormes canais, diques e eclusas. John Wilson, J. J. Clère, Arthur Weigall e muitos outros autores dão a entender que o "lago Moeris" (atual Birket Karun) seria *artificial*. Por incrível que pareça, uma afirmação de tal envergadura se sustenta exclusivamente em certas passagens de autores greco-romanos (Heródoto, Estrabão, Diodoro da Sicília), sem qualquer base na Arqueologia ou em documentos da época faraônica! Certos autores de fins do século passado e começos deste foram bem menos crédulos. Assim, G. Maspero fala, com razão, da "lenda

do lago Moeris", atribuindo-a a uma falsa interpretação, por Heródoto, do fenômeno da inundação que
presenciou no Egito. Da mesma maneira, A. Moret
mostra que o que os faraós do Reino Médio fizeram,
segundo os dados disponíveis, foi regularizar e drenar
um lago *natural*, no sentido de reduzir sua extensão e
assim obter novas superfícies cultiváveis, e não de inun-
dar a região transformando-a em "depósito regulador
da inundação". Não há dúvida de que os faraós da XII
dinastia tenham executado obras de drenagem e irrigação no Fayum, provavelmente desde que Senuosret II
(1897-1878) transportou para lá a sua capital, ganhando
assim uns 450 km² de novos terrenos cultiváveis. Mas
também é seguro que o atual Birket Karun é um lago
natural – ou o que resta dele: foi drenado, regularizado
e utilizado na Antiguidade, mas não "construído".

Na descrição da agricultura irrigada egípcia, a primeira coisa que deve ser esclarecida é que suas condições
eram diferentes das que imperavam na Mesopotâmia.
A inundação anual do Nilo é muito menos violenta do
que a dos rios Tigre e Eufrates, e também muito mais
regular em sua data. Além disto, começa em julho, e a
retirada das águas, em fins de outubro, coincide com
o momento adequado para semear. Depois, entre a
colheita e a nova inundação, passam-se vários meses,
permitindo a limpeza e conserto dos diques e canais.

Depois que o cereal é segado, o solo dos campos se torna seco e se fende, ficando pronto para ser penetrado em profundidade pela água e pelos aluviões fertilizantes da inundação. Assim, não são necessárias no Egito as importantes obras de proteção contra a cheia fluvial imprescindíveis na Baixa Mesopotâmia. Por outro lado, os meses mais quentes coincidem com o período em que a terra arável está coberta pelas águas da inundação; nos meses de seca – os menos quentes – a água do Nilo e dos reservatórios basta para regar campos e hortas. Em circunstâncias tão favoráveis, o sistema hidráulico de *irrigação por tanques* desenvolvido na Antiguidade foi bem mais simples do que o da Mesopotâmia. Eis aqui uma boa descrição:

"O sistema consiste em que a terra ao longo do rio fique dividida em compartimentos – tanques – por diques levantados em ângulo reto em relação ao curso fluvial; um canal iniciado a montante conduz a água do rio ao tanque, onde canais menores e valas a estendem uniformemente por todo o compartimento; outro canal recolhe o excesso de água e o leva a um segundo tanque, ou então de volta ao rio, a jusante. A irrigação de tanque só pode produzir uma colheita por ano, porque, quando o rio desce abaixo de certo nível, os canais que alimentam os tanques secam. Mas, com o rico solo do Egito, uma colheita é o bastante, e o sistema tem a vantagem de canais curtos, da fácil manutenção e lenta obstrução dos canais pelos sedimentos. Isto significa que cada aldeia era economicamente independente; ao passo que o trabalho necessário para obtenção de um excedente de alimentos estava folgadamente ao alcance de uma pequena unidade social, deixava realmente uma boa quantidade de tempo livre e permitia a especialização artesanal". (L. Woolley, "Los comienzos de la civilización", *in* J. Hawkes e L.Woolley, *Historia de la Humanidad. Desarrollo cultural y científico*, tomo I, Buenos Aires, Editorial Sudamericana, 1966, p.489).

Os trabalhos recentes mostraram que o sistema egípcio de irrigação por tanques tinha um caráter *local* a princípio: não há qualquer prova de uma administração centralizada de redes de irrigação até o Reino Médio, isto é, até mil anos depois da unificação do reino egípcio. Nessas condições, tudo indica que o papel da agricultura irrigada foi enorme na formação e consolidação das confederações tribais que deram origem, em cada região do país, ao *spat* (mais conhecido pelo termo grego "nomo"), que no reino unificado funcionou como província; o Egito antigo compreendia cerca de quarenta nomos. A irrigação não pode, porém, ser vista como a causa do surgimento do Estado centralizado e da civilização egípcia: pelo contrário, um sistema centralizado de obras hidráulicas para a agricultura irrigada surgiu como um resultado tardio da existência de um Estado forte. Note-se que o abandono da "hipótese causal hidráulica" não significa que a irrigação não fosse muito importante. E, inclusive, uma vez instalado um sistema planejado e centralizado de irrigação, mesmo tardiamente, nas novas condições o controle institucional unificado da rede de canais e diques acabou por transformar-se em algo necessário: sua ausência poderia agora provocar uma catástrofe econômica, já que se tornara difícil voltar à descentralização anterior. Por outro lado, a crítica a uma causalidade única ou linear baseada na "hipótese hidráulica" não quer dizer que, abandonada esta, seja impossível integrar a irrigação como um fator entre vários outros, em modelos causais mais amplos.

A que atribuir, então, a unificação do Egito? Existem muitas teorias a respeito, difíceis de avaliar em virtude da escassez de dados e fontes. Muitas das tentativas contemporâneas de explicação (L. Krader, B. Trigger, R. Carneiro) enfatizam fatores ligados à guerra, à conquista, ao militarismo. Seja como for, tudo indica que o

processo de formação do Egito como reino centralizado
dependeu de numerosos fatores – demográficos, ecoló-
gicos, políticos, etc. –, entre os quais a irrigação, pelo
menos indiretamente, foi elemento de peso.

Economia e Sociedade

As técnicas de produção utilizadas pelo Egito faraônico se fixaram na sua maioria – como ocorreu na Mesopotâmia – durante o surto de inovações tecnológicas que se estende aproximadamente de 3200 a 2700; depois, houve algumas invenções isoladas e aperfeiçoamentos, mas não qualquer mudança radical do nível tecnológico. A comparação do Egito com a Mesopotâmia levará, porém, a constatar certo atraso do primeiro em relação à segunda: o nivel técnico geral era mais baixo no Egito, e os egípcios demoraram mais a adotar certas inovações há muito introduzidas na Mesopotâmia. Assim, a substituição do cobre pelo bronze em escala apreciável só ocorreu durante o Reino Médio, um milênio depois da Baixa Mesopotâmia. Por outro lado, o metal levou muito tempo para substituir a madeira e a pedra na fabricação da maioria das ferramentas: isto só aconteceu de maneira significativa com a difusão do ferro, já no I milênio. Os instrumentos de metal eram tão caros e valiosos que os seus donos os marcavam com o seu sinete, após pesá-los, antes de entregá-los aos trabalhadores. O torno para fabricação de cerâmica usado no Egito foi, durante séculos, mais lento e ineficiente do que o que era empregado na Mesopotâmia. O *shaduf* – instrumento simples, baseado no princípio do contrapeso, para elevação de recipientes com água – só foi introduzido no séc. XIV, enquanto aparece em um sinete mesopotâmico uns seiscentos anos antes.

Tudo isto não justifica, porém, que se fale em "estagnação tecnológica", e menos ainda que sejam propostas teorias simplistas (como a de William C. Hayes há algumas décadas) a respeito de uma "psicologia egípcia" marcada pela falta de espírito inventivo, da qual resultaria que o Egito se limitasse a receber passivamente sucessivos empréstimos tecnológicos provenientes da Ásia Ocidental. É possível que a *ideia* da agricultura e a da escrita tenham vindo ao Egito da Mesopotâmia: mas as soluções egípcias dadas a estes e outros problemas foram extremamente originais, e hoje já não se aceita a hipótese de uma origem asiática da civilização egípcia.

Quanto à questão da "estagnação tecnológica", afirmar que ocorreu no Oriente Próximo pelo fato de haver este conhecido um surto de inovações seguido por séculos de difusão e aperfeiçoamento sem mudança radical, implica duas posições metodologicamente ilegítimas: 1) a identificação do progresso técnico exclusivamente com a *invenção*; 2) comparações históricas com o mundo contemporâneo. Por que, por exemplo, só mencionar os períodos em que novas invenções são introduzidas, e deixar de abordar o que significou para o Egito faraônico a extensão das forças produtivas disponíveis à região do Fayum a partir do Reino Médio, fazendo surgir toda uma nova zona agrícola?

Por outro lado, a introdução permanente ou ininterrupta de tecnologia só ocorre, em toda a história humana, sob o capitalismo altamente desenvolvido. Em *todas* as sociedades pré-capitalistas, o que temos são fases de "revolução tecnológica", de surgimento de nova tecnologia, às quais se seguem períodos mais ou menos longos em que o novo nível técnico é explorado e aperfeiçoado, e se estende a novas regiões. A origem da ideia de uma estagnação tecnológica "oriental" vem de uma projeção sobre o passado de comparações feitas entre a Europa já industrializada e países como a Índia ou a China no século XIX de nossa era. Ora, comparações entre sociedades situadas em pontos extremamente diferentes de evolução econômico-social carecem de sentido, são metodologicamente inaceitáveis.

As atividades agrícolas eram o setor fundamental da economia agrícola antiga. Nós as conhecemos bem, do ponto de vista da descrição, em virtude das copiosas cenas representadas nas pinturas e relevos murais das tumbas. A vida agrícola se desenvolvia segundo um ciclo bastante curto, se considerarmos as produções básicas – cereais (trigo duro e cevada em especial) e linho –, em função das três estações do ano que eram típicas do país: a *inundação* (julho-outubro), a "*saída*" ou reaparecimento da terra cultivável do seio das águas, época da semeadura (novembro-fevereiro), e a *colheita* (março-junho).

Com a paralisação das atividades agrícolas durante a inundação, e considerando-se que a colheita, realizada em abril e maio, terminava bem antes que ocorresse a nova cheia do rio, vemos que o ciclo da agricultura básica durava pouco mais de meio ano apenas. Isto quer dizer que era possível dispor de abundante mão de obra para as atividades artesanais da aldeia, para trabalhar nas instalações de irrigação, e para as grandes obras estatais (templos, palácios, sepulcros reais, monumentos diversos).

Fig. 3 – Arando e semeando (Reino Novo). (François Daumas, La vie dans l'Egypte ancienne, Paris, PUF, 1968 p. 8 (segundo Davies).)

Fig. 4 – Irrigando com o shaduf (Reino Novo). (Pierre Montet, L'Egypte éternelle, Verviers, Marabout, 1979, p. 26.)

Fig. 5 – Colheita de cereal e colheita de linho (Reino Antigo).
(Gustave Jéquier, Histoire de la civilisation égyptienne, Paris,
Payot, 1930, pp. 182-183 (segundo Lepsius).)

Em certos casos, a semeadura era realizada antes que as águas se retirassem totalmente, no barro semilíquido, fazendo-se que o gado menor (ovelhas, cabras, porcos) passasse sobre o campo para enterrar as sementes. Se quando se semeava a terra já estava seca, o arado e a enxada serviam para recobrir o grão. A enxada também servia para quebrar os torrões de terra; para tal às vezes se usava igualmente uma espécie de malho. Tanto o arado quanto a enxada egípcios eram instrumentos muito simples e leves de madeira.

Como entre a semeadura e a colheita se passavam de quatro a cinco meses, durante os quais os campos dispensavam maiores cuidados e a umidade proveniente da última inundação era suficiente, os camponeses podiam se dedicar a cultivos mais intensivos, que exigiam irrigação permanente, até o Reino Novo transportando água em vasilhas dependuradas numa vara, e depois do século XIV utilizando o já mencionado *shaduf*. Assim era praticada a horticultura, sendo produzidos alho, cebola, pepino, alface e outras verduras e legumes; também eram plantadas árvores frutíferas, e videiras. Várias plantas (como o sésamo) eram cultivadas para obtenção de azeite; o azeite de oliva era importado.

Chegando a época da colheita, os talos do trigo e da cevada eram cortados pelo meio com uma foice de madeira com dentes de sílex, enquanto o linho era arrancado. Depois o cereal era pisoteado pelo gado maior para separar o grão da palha, peneirado e guardado em celeiros de forma grosseiramente cônica (de fato, tinham a forma de pães de açúcar).

Os egípcios foram muito ativos nas suas tentativas de domesticação de animais até o Reino Antigo. Chegaram a experimentar domesticar hienas, antílopes, gruas e pelicanos! O gado maior – bois, asnos; o cavalo só se difundiu sob o Reino Novo – servia em primeiro lugar para puxar o arado, para separar os grãos da palha e para o transporte. O cavalo era usado para puxar carros, e não montado. Vacas e bois eram usados também para a alimentação (carne, leite) e sacrificados aos deuses. Os pastos se localizavam com frequência nos pântanos ou seus arredores, sendo particularmente extensos no Delta. A umidade de tal ambiente não era propícia aos bovinos, razão pela qual o rebanho era renovado regularmente mediante importações de animais da Núbia e da Ásia.

Tanto a criação de gado quanto a de aves (gansos, patos, pombos) eram feitas em duas etapas. Numa primeira fase, os animais viviam em liberdade; em seguida, alguns deles eram selecionados para a fase de engorda, durante a qual eram cevados, às vezes à força. O gado menor compreendia ovelhas, cabras e porcos. Só no Reino Médio foi introduzido um tipo de carneiro cuja

lã era utilizável, mas de fato quase não foram achados exemplos de tecidos de lã, sendo o linho a base
da vestimenta. A diminuição do número de representações pictóricas relativas à criação de gado durante o
Reino Médio levou a que certos autores afirmassem
ter ocorrido então sua diminuição, à medida que as
terras cultivadas se estendiam às expensas das antigas
pastagens.

A agricultura e a criação eram complementadas pela
pesca – importante apesar de certas limitações religiosas
ao consumo de peixe –, praticada no Nilo, nos pântanos e nos canais com rede, anzol, nassa e arpão. Boa
parte dos peixes era secada ao sol. Também a caça era
praticada no deserto e nos pântanos, usando-se para
talo cão, o arco e o laço, e capturando-se aves selvagens
com redes. Finalmente, as terras pantanosas eram zonas
de coleta de papiro para a alimentação e para produção
de fibras de múltiplas utilidades. A coleta compreendia
também a madeira de qualidade má ou média disponível no país (sicômoros, acácias, palmeiras, etc.).

Não dispomos de cifras de população para o Egito
faraônico. Para o período greco-romano, as estimativas
baseadas em autores antigos (Diodoro da Sicília, Flávio
Josefo) giram em torno de sete milhões de habitantes.
Como no conjunto as técnicas ligadas à subsistência
não eram muito diferentes na fase que nos interessa,

talvez seja possível considerar tal cifra pelo menos como ordem de grandeza ou limite superior. Isto nos daria uma densidade de população (levando em conta somente as 2 terras cultiváveis) de mais de 200 habitantes por km^2 , muito elevada para a Antiguidade.

O Egito era um dos "formigueiros humanos" do mundo antigo, em virtude da sua extraordinária fertilidade renovada anualmente pelos aluviões do Nilo. Sendo a vida agrícola inteiramente dependente da inundação, quando esta faltava ou era insuficiente ocorria a fome – apesar das reservas acumuladas pelo Estado – e morriam milhares de pessoas. Temos muitos documentos escritos (e às vezes pictóricos) que se referem a tais épocas calamitosas. Numa delas, durante o Primeiro Período Intermediário, segundo parece houve casos de canibalismo.

A atividade artesanal se desenvolvia, em primeiro lugar, em função das matérias-primas fornecidas pelo rio e pelas atividades agrícolas e de coleta: fabricação de tijolos e de vasilhame com argila úmida do Nilo, recolhida logo depois da inundação; fabricação do pão e da cerveja de cereais; produção de vinho de uva e de tâmara; fiação e tecelagem do linho; indústrias do couro; utilização do papiro e da madeira para produções diversas (material para escrever, cordas, redes, embarcações, móveis, portas, etc.).

Por outro lado, ao contrário da Mesopotâmia, o Egito dispunha, em terras, submetidas à sua jurisdição direta – as colinas que bordam o vale do Nilo, o Sinai, o deserto oriental, a Núbia –, de rica provisão de pedras duras, usadas para vasos, estátuas, construções religiosas e funerárias, de pedras semipreciosas (turquesas) e de metais (ouro, cobre, chumbo). A madeira de boa qualidade para construção naval e para uso nos palácios e templos era, porém, importada (cedros da Fenícia, obtidos no porto de Biblos), como também a prata, o estanho necessário para o bronze, a cerâmica de luxo, o lápis-lazúli e outros artigos. O cobre era endurecido com arsênico, também importado.

O artesanato egípcio organizava-se em dois níveis. Nas propriedades rurais e nas aldeias existiam oficinas que produziam tecidos grosseiros, vasilhas utilitárias, tijolos, artigos de couro, produtos alimentícios (pão, cerveja), etc. Já o artesanato de luxo, de alta especialização e qualidade excepcional – ourivesaria, metalurgia, fabricação de vasos de pedra dura ou de alabastro, faiança, móveis, tecidos finos, barcos, pintura e escultura, etc. –, concentrava-se em oficinas mais importantes, pertencentes ao rei e aos templos. O monarca era também responsável pela organização da mineração e das pedreiras (exploradas através de expedições ocasionais) e pelas grandes construções e obras públicas.

As tumbas do Reino Antigo mostram o pequeno comércio local pela troca de produto por produto, e o pagamento *in natura* de vários serviços. Em transações maiores e para o cálculo dos impostos (que eram pagos em espécie), o padrão pré-monetário de referência eram pesos de metal (*shat, deben*). Embora existisse alguma especialização produtiva regional (a cidade de Mênfis concentrava a melhor metalurgia, o Delta era o principal centro pecuário e vinícola, etc.), e o Nilo permitisse um tráfego intenso de embarcações, a circulação de produtos entre as diversas regiões do país fazia-se administrativamente, segundo parece, sob o controle de funcionários reais.

Quanto ao grande comércio exterior, por terra e sobretudo por mar – com as ilhas de Creta e de Chipre, com a Fenícia, com o país de *Punt* (talvez a costa da atual Somália) –, para importação de matérias-primas e artigos de luxo, tinha as mesmas características da mineração e das pedreiras: organizava-se sob a forma de grandes expedições ocasionais ordenadas pelo rei. Nos primeiros tempos inclusive inexistiram comerciantes particulares. Com as conquistas egípcias na Ásia Ocidental durante o Reino Novo, houve uma intensificação do comércio e surgiram comerciantes com alguma importância: mas o controle estatal sobre o grande comércio persistiu. De fato, tais comerciantes

– localizados nos portos de Tebas, Akhetaton, Mênfis, Tânis – eram agentes estrangeiros (sírios) a serviço do monopólio comercial do Estado.

Assim, um dos traços mais visíveis da economia egípcia antiga era, sem dúvida, o *estatismo faraônico*: a quase totalidade da vida econômica "passava" pelo rei e seus funcionários, ou pelos templos. Estes últimos devem ser considerados parte integrante do Estado, mesmo se, em certas ocasiões, houve atritos entre a realeza e a hierarquia sacerdotal; aliás, os bens dos templos estavam sob a supervisão do *tjati*, espécie de "primeiro-ministro" nomeado pelo faraó.

As atividades produtivas e comerciais, mesmo quando não integravam os numerosos monopólios estatais, eram estritamente controladas, regulamentadas e taxadas pela burocracia governamental. Para fins do Reino Novo, um importante documento – o papiro Wilbour (XX dinastia) – mostra que, sob Ramsés V, a semeadura da totalidade das terras reais e dos templos (ou seja, de parte muito considerável e talvez majoritária da superfície cultivada) era controlada administrativamente pelo governo central. Ao retirar-se a inundação, funcionários avaliavam a extensão efetiva de terras aráveis disponível naquele ano em cada campo submetido à autoridade de um administrador; levando em conta este dado e igualmente a mão de obra com que tal administrador podia contar, fixava-se a quota de grãos que se esperava do campo em questão para os celeiros públicos, distribuindo-se em função disto os sacos de sementes.

Seja em forma de colheitas, rebanhos, produtos artesanais e matérias-primas provenientes de seus próprios campos, oficinas e expedições de mineração ou comércio, seja na qualidade de impostos em espécie que taxavam a quase totalidade das terras e atividades, a maioria absoluta do excedente econômico disponível era cada ano concentrada pelo rei e pelos templos. Estes agiam, em seguida, como gigantescos mecanismos de redistribuição da riqueza assim concentrada: nos níveis superiores, fazendo viver uma aristocracia burocrática, sacerdotal e, no Reino Novo, também militar; nos níveis inferiores, remunerando o trabalho dos artesãos especializados e alimentando os trabalhadores que executavam as obras públicas. Um tal regime econômico, com a consequente dependência de comerciantes, artesãos e prestadores de serviços, não poderia ser favorável a uma urbanização comparável à da Baixa Mesopotâmia, onde a iniciativa privada tinha um campo de ação bem maior.

Alguns autores (como John Wilson) sugeriram, mesmo, que até o Reino Novo o Egito teria sido uma civilização sem cidades. Isto pode ser um exagero, pois a verdade é que, nas maiores aglomerações (Mênfis,

Tebas), os bairros residenciais, mercados, oficinas, construí dos com materiais perecíveis (ao contrário dos templos de pedra), não deixaram vestígios que a Arqueologia possa estudar. Seja como for, no Egito um forte poder monárquico *precedeu* o pleno desenvolvimento da urbanização, da especialização ocupacional, do comércio exterior, da burocracia, e pôde assim manter tal desenvolvimento sob sua égide e controle.

No entanto, a afirmação – comum em obras antigas – de ser o rei o único proprietário das terras egípcias não é exata. Desde o Reino Antigo, ao lado das extensas propriedades do rei, encontramos uma propriedade dos templos, formada por doações reais que, por outro lado, frequentemente isentavam tais terras de impostos e seus habitantes de trabalhos forçados para o governo. Também achamos diversas gradações de propriedades privadas em mãos de altos funcionários, algumas com caráter vitalício, outras transmissíveis hereditariamente; sua origem se prende ao exercício de funções públicas e à necessidade de manter o culto funerário.

É verdade, porém, que todas as formas de propriedade existentes ao lado da do rei dependiam da aprovação do monarca (inclusive no caso de herança paterna ou materna). No Reino Novo, vemos uma extensão impressionante dos bens dos templos e a formação de uma classe de proprietários militares, beneficiários de concessões reais. Uma grande propriedade do antigo Egito não era em geral realmente extensa segundo padrões atuais: Metjen, funcionário graduado da IV dinastia, acumulou 125 hectares de terras, sendo 75 em propriedade e 50 em virtude do exercício de funções públicas.

Por outro lado, as propriedades maiores não formavam blocos contínuos ou compactos: estavam dispersas em parcelas situadas em diferentes regiões do país, às vezes muito distantes entre si. Certos textos – como o "conto dos dois irmãos" – mostram a existência de pequenos proprietários, sobre os quais pouco sabemos. Em certos casos se trata, de fato, de arrendatários, os quais adquiriram, porém, o direito de transmitir por herança ou mesmo de vender suas parcelas. Nos períodos de decadência do poder monárquico, as aristocracias provinciais constituíram propriedades privadas extensas à margem de qualquer controle, sendo tal situação anulada ao restabelecer-se o governo centralizado.

A base da mão de obra do antigo Egito eram os camponeses, maioria absoluta da população. Viviam em aldeias, pagavam impostos ao Estado (em certos casos, a um templo ou senhor que gozasse de imunidade fiscal) em forma de cereais, linho, gado e outros produtos, e também se prestavam a corveias ou trabalhos forçados, a nível local (obras de irrigação) ou nas obras públicas. Qual o *status* de tais camponeses? Na falta de documentação suficiente a respeito, as opiniões divergem. Sabemos que, desde o III milênio, dividiam-se em equipes de cinco, por sua vez agrupadas em decúrias e centúrias, sob o comando de capatazes. Na sua maioria, provavelmente estivessem indissoluvelmente ligados à terra que cultivavam, embora também haja sinais da existência de outros tipos de mão de obra rural (arrendatários, assalariados pagos em espécie, escravos estrangeiros).

Afirma-se com frequência que os camponeses formavam *comunidades aldeãs*. Alguns elementos apoiam, de fato, o caráter comunitário das aldeias: a responsabilidade solidária pelo tributo e pelas corveias, a existência de assembleias aldeãs (*zazat*), a associação entre atividades agrícolas e artesanais que fazia de cada aldeia uma unidade praticamente autárquica. Dificilmente, porém, poderíamos imaginar tais comunidades como igualitárias. Sua administração estava dominada por "notáveis" locais (*saru*) que, ao que tudo indica, eram mais ricos do que os seus subordinados e mesmo, nos períodos mais recentes da história faraônica, deviam saber ler e escrever. A *origem* de tais assembleias e notáveis, porém, talvez remonte a instituições clânicas ou tribais. No Reino Novo há sinais de um reforço das famílias restritas relativamente às comunidades. Mas a verdade é que a agricultura irrigada, se considerarmos o nível técnico vigente, só poderia ser mantida mediante uma constante cooperação comunitária a nível local, de modo que não parece provável ter ocorrido uma total dissolução das comunidades aldeãs.

Além da mão de obra ocasional fornecida pelos camponeses na época da inundação, quando os trabalhos agrícolas se paralisavam, as obras públicas empregavam também trabalhadores permanentes, remunerados em espécie. A Arqueologia revelou verdadeiras "cidades operárias" (por exemplo, na necrópole tebana e em Tell el-Amarna). A escravidão teve certa importância econômica nas minas e pedreiras estatais e, no Reino Novo, também nas terras reais e dos templos. Houve igualmente tropas militares auxiliares constituídas de escravos, e existiram escravos domésticos, às vezes numerosos. A economia egípcia, no entanto, nunca foi "escravista" no sentido em que o foi a da Grécia clássica e helenística e a da Roma de fins da República e do Alto Império.

A sociedade do Egito antigo tinha, no vértice da hierarquia social, o rei, considerado um deus, o intermediário necessário entre seu povo e os outros deuses. Ao contrário dos demais egípcios, o monarca podia ter diversas esposas legítimas, além de numerosas concubinas. A família real (normalmente numerosa), os sacerdotes e funcionários de alta hierarquia, as grandes famílias provinciais, formavam uma aristocracia tendente à hereditariedade. Esta situação ainda estava em gestação no Reino Antigo quando, num Egito unificado surgido em virtude da conquista, as funções públicas – que na prática se confundiam com o serviço à pessoa do rei – eram a fonte direta e única do prestígio e da riqueza e o sacerdócio ainda não se constituíra em casta (de fato, até o Reino Novo não havia hierarquia sacerdotal a nível de todo o Egito, e sim sacerdócios locais). Durante o Primeiro Período Intermediário, as diversas nobrezas dos nomos ou províncias se tornaram independentes, e só quando (sob a XII dinastia, no Reino Médio) o poder real voltou a estar bem consolidado, pôde a Coroa optar por uma solução radical: a extinção de tal aristocracia local, com confisco de suas terras.

No Reino Novo, uma verdadeira aristocracia hereditária de funcionários, sacerdotes e altos chefes militares cercava o rei e às vezes ameaçava seu poder. Há casos comprovados, embora esporádicos, de renovação dos quadros aristocráticos com pessoas de origem humilde, podendo em especial a carreira de escriba ou a militar abrir caminho à ascensão social; em geral, no entanto, tendia-se à constituição de verdadeiras castas hereditárias em todos os níveis do corpo social.

Numa situação social intermediária encontramos os numerosos escribas e outros funcionários inferiores, e os sacerdotes de menor hierarquia, além dos artesãos e artistas altamente especializados que estavam a serviço do rei, dos templos e da corte.

Na larga base da pirâmide social, formando a maioria absoluta da população, estavam os trabalhadores braçais, camponeses majoritariamente, analfabetos, submetidos a tributos e trabalhos forçados, à arbitrariedade e corrupção dos funcionários e mesmo a castigos físicos. Já vimos que entre eles os escravos eram uma pequena minoria. Tanto na agricultura quanto nas outras atividades, existiam níveis acusados de divisão do trabalho e especialização funcional. No entanto, a produtividade do trabalho era baixa, compensando-se tal fato, quando necessário, com a abundância de mão de obra garantida por uma população densa. Estas massas populares exploradas eram mantidas na submissão pela vigilância, pela repressão e por fatores ideológicos (em especial a crença no caráter divino da monarquia). Em certas ocasiões, porém, explodiram terríveis sublevações. A mais célebre se deu no Primeiro Período Intermediário, e segundo A. Moret teve forte influência na evolução subsequente da situação das classes populares. Por outro lado, conhecemos um caso de greve dos operários da necrópole real em fins do Reino Novo, em virtude do atraso na entrega de suas rações de alimentos.

O Poder:
Sinopse da História Faraônica

A unificação

Instrumentos de sílex do Paleolítico foram achados nas colinas e terraços que correm paralelamente às duas margens do Nilo no Alto Egito. São semelhantes aos implementos paleolíticos do resto da África do Norte. O fim da última glaciação (Würm) nas altas latitudes correspondeu, no continente africano, à aceleração do processo de ressecamento que, com flutuações, vinha afetando a África havia já vários milhões de anos. Em particular, isto significou a gradual formação do deserto do Saara e, segundo parece, uma considerável concentração de migrantes no vale do Nilo.

Os primeiros sinais de atividades agrícolas foram descobertos em sítios arqueológicos do extremo ocidental do Delta, do Fayum e do Médio Egito, e mostram o desenvolvimento de grupos sedentários plantando cereais e linho, fabricando cestas, tecidos, cerâmica grosseira, variados instrumentos de sílex e outras pedras. Usavam já uma versão primitiva da foice de madeira com incrustações de sílex que continuaria sendo típica do país nos tempos faraônicos.

A terminologia da fase final da pré-história egípcia, conhecida como pré-dinástico ou eneolítico – pela existência de objetos simples e pequenos feitos de cobre martelado, sem fusão do minério –, é bastante confusa, pela multiplicação de designações redundantes ligadas a sítios arqueológicos isolados. O iniciador das escavações relativas ao pré-dinástico, A. Flinders Petrie, realizou seus descobrimentos principais na localidade de Nagada e propôs distinguir duas fases ou culturas pré-dinásticas: Nagada I, mais antiga, e Nagada II. Posteriormente, novas descobertas arqueológicas foram feitas em diversos lugares, entre eles el-Amra, el-Girza, Semaina, el-Badari e Deir Tasa, e começou-se a usar o nome de tais lugares para designar diferentes "culturas". Ocorre, porém, que a fase de el-Amra coincide com a de Nagada I, a de el-Girza com Nagada II e a de Semaina com parte da I dinastia histórica, enquanto as de el-Badari e de Deir Tasa são contemporâneas entre si (ou melhor, a segunda pode ser considerada como subfase da primeira). Isto nos dá a cronologia aproximada seguinte para o pré-dinástico:

– Fase de el-Badari (incluindo a de Deir Tasa); 4500 (ou, segundo certos autores, 550) a 4000;

– Fase de Nagada I (el-Amra): 4000-3600;

– Fase de Nagada II (el-Girza): 3600-3100 (ou 3000).

O evidente, além das incertezas da cronologia e da periodização, é ter ocorrido um progresso cultural que se acelera nos últimos séculos anteriores à unificação. É assim que, na fase de Nagada II, aparecem peças de cobre preparadas seja em bigornas, seja em moldes, depois da fusão do metal. Ora, enquanto o cobre martelado, significando o uso de metal formado naturalmente, não implica grandes transformações nos padrões neolíticos, a verdadeira metalurgia exige uma complicada tecnologia de apoio – minas, transporte e armazenamento do minério –, além das técnicas para a fusão, a forja, o refinamento e o molde. Isto significa, necessariamente, uma transformação social e política de peso, revelada pela possibilidade de organizar a contento um complexo integrado por numerosas atividades interligadas.

Os cemitérios de Nagada II indicam a existência de uma sociedade estratificada e não igualitária como no passado. Há também indícios de contatos comerciais e culturais com a Ásia: importação de lápis-lazúli, influências da Baixa Mesopotâmia. Ao mesmo tempo, a Arqueologia mostra pela primeira vez o surgimento de núcleos populosos que já são mais do que aldeias: Hierakômpolis, Koptos, Nagada, Abydos. O registro arqueológico mostra que a fase final de Nagada II não manifesta diferenças culturais radicais com o protodinástico e o dinástico primitivo posteriores, mas é, pelo contrário, muito diferente culturalmente de todas as fases anteriores.

Os estudos arqueológicos, paleoecológicos e históricos de Karl Butzer confirmaram a existência de uma associação entre as comunidades administrativas provinciais do Egito faraônico – os nomos – e sistemas locais de irrigação, desde o IV milênio. Em outras palavras, a agricultura baseada no controle e uso da inundação anual do Nilo parece ter estado vinculada à passagem da dispersão tribal à formação de confederações firmemente enraizadas em territórios definidos. Os emblemas dos nomos, que conhecemos na fase histórica, tinham clara conotação totêmica ou clânica.

A explicação do que ocorreu a seguir baseia-se em dados arqueológicos – em especial o fato de que a cultura de Nagada II se estendeu tanto sobre o Delta quanto sobre o Vale – e na interpretação de mitos que conhecemos em versões posteriores à época de que agora tratamos. Afirma-se, então, que por um processo que não podemos conhecer em seus detalhes, mas que deve ter incluído sucessivas guerras, os nomos foram reunidos, senão em dois reinos, pelo menos em duas grandes confederações, tendo a do Vale Seth como deus dinástico, e a do Delta, Hórus. Uma primeira unificação efêmera, efetuada em favor do Delta, explicaria a unidade cultural de Nagada II e também o fato de que, imediatamente antes da unificação definitiva, Hórus fosse o deus dinástico de *ambas* as confederações ou reinos, cujas capitais eram agora Nekhen (Hierakômpolis), no Vale, e Pe (Buto), no Delta. Esta interpretação, como não poderia deixar de ser ao tratar-se de fase ainda pré-literária, tem bases frágeis e é recusada por muitos autores.

Não há dúvida, porém, de que a unificação definitiva haja resultado de uma conquista que progrediu no sentido sul-norte, pois a Arqueologia confirma suficientemente tal asseveração. Um certo "Escorpião", rei ou chefe de uma confederação tribal, reuniu sob o seu poder o território que se estende de Hierakômpolis, ao sul, até Tura, ao norte de onde depois surgiria a cidade de Mênfis, sem chegar a tomar o Delta. Supõe-se que seu sucessor foi Narmer, que numa paleta votiva aparece sucessivamente coroado com a coroa branca do Vale e com a coroa vermelha do Delta e associado com clareza a cenas de vitória militar e de repressão. Como uma tradição posterior associa insistentemente a unificação do Egito ao rei Men (o "Menes" dos gregos), muitos autores identificam-no com Narmer. Outros preferem, com base arqueológica discutível, considerar ser Men o mesmo rei Aha, primeiro soberano plenamente comprovado da I dinastia, dando-o como sucessor de Narmer. Outros, ainda, acham que Men é somente uma figura lendária evocadora do conjunto dos chefes cujas lutas levaram à unificação. O período protodinástico ou da unificação, segundo a cronologia que aqui seguimos, estendeu-se de 3100 ou 3000 até 2920.

O III milênio:
Dinástico Primitivo, Reino Antigo e Primeiro Período Intermediário

O *Dinástico Primitivo* compreende as três primeiras dinastias históricas e ocupa o período 2920-2575. Trata-se de um período mal iluminado por documentos escritos e conhecido (muito imperfeitamente) sobretudo graças aos vestígios arqueológicos. Tudo indica ter sido a fase em que, aos poucos, se foi edificando a organização política e fiscal que encontramos já bem definida sob o Reino Antigo. Foi também quando se fixou a escrita hieroglífica. Progressos importantes de tipo técnico completaram a onda de transformações iniciada por volta de 3200. No início da III dinastia, aperfeiçoou-se o método de trabalho da pedra, expandindo-se o seu uso – antes muito limitado – nas construções.

Toda a fase que consideramos se caracteriza, no âmbito da produção de luxo, principalmente pelos vasos de pedra dura, encontrados em grande número nas tumbas como oferendas; já a cerâmica, de grande beleza no pré-dinástico avançado, torna-se então meramente utilitária. O conteúdo das tumbas de reis, rainhas e nobres prova-nos indiretamente a existência de artesãos especializados, fixados na corte e mantidos com a produção de domínios rurais cujo proprietário era o rei. Aliás, um modelo de propriedade rural da época do primeiro rei da I dinastia, Aha, foi achado em Sakkara, perto do atual Cairo.

As duas primeiras dinastias eram antigamente chamadas "tinitas", porque a descoberta de túmulos reais em Abydos por Petrie parecia confirmar a afirmação de Manethon, de que a capital se situava então na cidade vizinha de This ou Tinis. Posteriormente, porém, nova série de sepulcros imponentes da mesma época foi descoberta em Sakkara, o que levou a supor que as tumbas de Abydos eram simples cenotáfios, ou monumentos funerários não destinados a receber enterros efetivos;

segundo os que defendiam tal opinião, desde a I dinastia a capital faraônica seria já a cidade de Mênfis, bem situada perto do limite entre o Delta e o Vale, e cuja fundação foi atribuída por tradição persistente a Men. As duas posições continuam em discussão.

Há indícios de que a unificação do Egito – o qual, já o dissemos, conservou o caráter de monarquia dual – era ainda precária. Aha parece ter-se casado com uma princesa do Delta, talvez para apaziguar a região vencida, e possivelmente sucessores seus fizeram o mesmo. O primeiro rei da II dinastia adotou o nome de Hetepsekhemui, que significa "os dois poderes estão apaziguados", o que talvez signifique ter sido necessário superar uma tentativa de separação do reino do norte.

Uma passageira revalorização, na titulatura faraônica, do deus Seth (do Vale), sob o rei Peribsen, da mesma dinastia, foi interpretada como refletindo uma tensão entre os dois reinos, já que Hórus, o deus tradicional da monarquia, era originário do Delta. Se isto é verdade, o problema deve ter sido superado, pois o último rei da II dinastia chamava-se Khasekhemuy ("os dois poderes apareceram": isto é, Hórus e Seth), e acrescentou à sua nomenclatura a frase: "os dois Senhores estão contentes nele" (ou seja, Hórus e Seth estão harmoniosamente integrados na pessoa do rei). Por outro lado, nestas primeiras dinastias estão já atestadas cerimônias de entronização que se baseiam na ideia de uma renovação da unificação do país sob cada novo rei, e também a festa *zed*, jubileu monárquico celebrado a princípio para comemorar trinta anos de reinado, com a aparente intenção de confirmar a reunião do Delta ao Vale sob o poder faraônico. Nos sepulcros das primeiras dinastias foram encontrados sinais do assassinato ritual (possivelmente por envenenamento) de servidores e concubinas, que assim seguiam à ultratumba o rei morto; tal costume desapareceu totalmente em fases posteriores.

As figuras históricas mais bem conhecidas do Dinástico Primitivo são Djeser (III dinastia) e seu ministro, arquiteto e médico, o sábio Imhotep, mais tarde adorado como uma divindade. O conjunto funerário do rei, que inclui a pirâmide em degraus de Sakkara, foi a primeira grande edificação de pedra da civilização egípcia, mostrando grande refinamento arquitetônico e quanto à decoração, quando comparado às tumbas das dinastias precedentes.

O *Reino Antigo* compreende as dinastias IV a VIII, entre 2575 e 2134, com apogeu na primeira de tais dinastias, época da construção de enormes sepulcros, as três grandes pirâmides de Guiza, perto de Mênfis, pelos faraós Khufu (o Quéops dos gregos), Khafra (Quéfren) e Menkaura (Miquerinos); os dois primeiros, em especial, levantaram monumentos de tal magnitude que supõem um sistema tanto político quanto econômico muito bem organizado. Infelizmente, tal período não é bem conhecido quanto aos acontecimentos históricos: as lendas posteriores que conhecemos a respeito são pouco confiáveis e às vezes absurdas. Não há dúvida, porém, de que o rei-deus, encarnação de Hórus, tenha conhecido sob a IV dinastia o apogeu do seu poder absoluto. Já com a V dinastia, a concepção monárquica decaiu, com a ascensão do culto do deu solar Ra, da cidade de Heliópolis, próxima a Mênfis.

Uma tradição posterior parece indicar que a passagem à nova dinastia foi obra dos sacerdotes de Heliópolis. O faraó era sempre o "Hórus vivo", mas apenas o filho do deus do Sol, que agora imperava sobre as demais divindades. Grandes doações aos templos de terras isentas de impostos foram feitas sob a V e VI dinastias. Paralelamente, enquanto sob a IV dinastia os grandes nobres faziam-se enterrar em tumbas (mastabas) que cercavam a pirâmide real, agora vemos o aparecimento de grandes túmulos nas províncias ou nomos: os nomarcas tornavam-se hereditários, à medida que declinava o poder real; a nobreza escapava, em cada província, ao controle efetivo do governo central.

A decadência da autoridade faraônica acentuou-se no final do longo reinado de Pepi II (2246-2152), da VI dinastia. A VII dinastia de Manethon não parece ter existido de fato, a VIII foi bastante efêmera, e depois o país caiu na anarquia e na descentralização. Trata-se do *Primeiro Período Intermediário*, que compreende as dinastias IX e X, e a primeira parte da XI (2134-2040). Os nomarcas agiam como pequenos reis. A economia declinou, negligenciando-se os trabalhos agrícolas e de irrigação. Uma terrível revolução social marcou o início da nova época. Nômades asiáticos aproveitaram a confusão para invadir parte do Delta.

Pesquisas recentes sugerem que o colapso político esteve ligado não só à decadência da autoridade monárquica – grave num país muito mais longo do que largo e cujas regiões se comunicavam exclusivamente pela navegação fluvial, o que facilitava a divisão e o particularismo nas fases em que o governo central se debilitava –, mas também, e talvez principalmente, a uma série de inundações insuficientes, trazendo a fome e a desorganização da economia.

Aos poucos, reestruturou-se o poder em dois reinos, através da luta entre nomarcas mais e menos poderosos: um deles com capital em Herakleópolis, tendo como centro a região do Fayum; o outro com capital em Tebas. Os reis de Herakleópolis conseguiram expulsar os asiáticos do Delta, mas foram vencidos pela XI dinastia tebana, que de novo impôs ao Egito uma monarquia unificada por volta de 2040. Diversos textos atestam a importância dada, na fase de reunificação, às obras de irrigação, imprescindíveis para a recuperação econômica do país.

Em matéria de política externa, no III milênio o Egito permaneceu quase fechado sobre si mesmo a maior parte do tempo. O contato com povos estrangeiros fazia-se sobretudo através de expedições passageiras de tipo comercial, punitivo ou para explorar minas e pedreiras. Assim, por exemplo, os reis Djet e Den, da I dinastia, lançaram expedições militares, contra os beduínos do Sinai – região onde desde o pré-dinástico os egípcios buscavam turquesas e talvez cobre –, e comerciais, na direção de portos do Mar Vermelho. Djeser, da III dinastia, parece ter conquistado uma parte da Núbia, ao sul da primeira catarata do Nilo ("país de Kush" para os egípcios antigos), onde reis anteriores já haviam incursionado. Snefru (IV dinastia) declarou haver aprisionado sete mil núbios em uma campanha, e onze mil líbios em outra ocasião.

Em suma, além dos primórdios de uma colonização do norte da Núbia – que geograficamente não passa da continuação do Egito meridional –, a política externa se resumia a lutas repetidas, mas esporádicas contra nômades líbios – situados a oeste do Delta e ameaçando o Egito com incursões de pilhagem –, nômades do Sinai e da Palestina a nordeste, nômades do deserto oriental a leste. Sendo o vale do Nilo e o Delta desprovidos de riquezas minerais e pedra para construção, os egípcios iam buscá-las, através de expedições armadas intermitentes, na Núbia, no deserto oriental, no Sinai. A madeira de boa qualidade (cedro) era conseguida através do comércio com Biblos, porto da Fenícia. O deserto Arábico ou oriental conduzia ao Mar Vermelho, sulcado por barcos egípcios que demandavam o país de Punt (regiões costeiras da Somália e da Eritréia, talvez) para lá obterem pelo comércio madeira, incenso, mirra e animais de estimação. Finalmente, há indícios arqueológicos de vínculos comerciais com a ilha de ereta desde a VI dinastia.

Quanto às estruturas governamentais, sob o Reino Antigo o faraó era o mais absoluto dos monarcas, adorado como um deus e visto como suprema autoridade religiosa, militar, civil e judiciária. A complexidade crescente da administração forçou-o, porém, a delegar parte de suas atribuições a sacerdotes e funcionários. Destes últimos o mais importante era o *tjati*, espécie de primeiro-ministro, por delegação real chefe da justiça (presidia os seis grandes tribunais), da administração central, dos tesouros e celeiros reais. Recenseamentos periódicos permitiam conhecer o potencial em homens, terras cultivadas e gado, e assim fixar os impostos e corveias devidos ao Estado.

No apogeu do poder monárquico, o *tjati* e outros grandes funcionários provinham da própria família real. As diversas secções da administração eram povoadas pelos escribas, muito numerosos. O governo provincial fundamentava-se nas unidades básicas formadas na pré-história em função da agricultura irrigada, os *spat* ou nomos. Os nomarcas ou governadores, nomeados pelo rei, tinham por obrigações principais coletar os impostos e arregimentar as corveias, cuidar das obras de irrigação e fazer justiça. Nas cidades e aldeias funcionavam assembleias e tribunais de menor instância. Não existia ainda um exército permanente ou profissional: em caso de necessidade, os nomarcas faziam o recrutamento militar entre os camponeses. Durante a VI dinastia já aparecem recrutas estrangeiros suplementando as forças armadas limitadas e ocasionais do país.

A primeira metade do II milênio: Reino Médio e Segundo Período Intermediário

No *Reino Médio* (2040-1640) temos os últimos reis da XI dinastia, e as dinastias XII a XIV. Embora seja às vezes chamado "primeiro período tebano", na XII dinastia a capital já não era Tebas, e sim a cidade de Ititauí, no Fayum. O reunificador do Egito, Mentuhotep

II, construiu em Deir el-Bahari (Tebas, margem ocidental) um imponente e inovador conjunto funerário.

A mudança da XI para a XII dinastia ocorreu quando *o tjati* ou ministro Amenemhat tomou o poder como Amenemhat I (1991-1783). É possível que, para chegar ao trono, tenha-se apoiado nas grandes famílias provinciais, descontentes com a anterior família real, já que Mentuhotep III restringira os poderes dos nomarcas e suprimira sua sucessão hereditária. O fato é que, sob o novo rei, os governadores provinciais readquiriram parte dos títulos e poderes perdidos.

Foi costume dos faraós da XII dinastia associar ao trono o príncipe herdeiro, facilitando assim a sucessão. Tal período foi um dos mais brilhantes da história egípcia. Os soberanos mais iluminados pelas fontes são Senuosret III (1878-1841) e Amenemhat III (1844-1797). O primeiro teve de lutar contra a ameaça do poder renovado dos nomarcas: já seu antecessor Amenemhat II (1929-1892) havia tratado de intervir em questões atinentes aos nomos, no sentido de diminuir a autonomia provincial, mas Senuosret III decidiu levar a cabo uma reforma radical da administração. Os nomarcas foram temporariamente suprimidos e o Egito foi dividido em quatro regiões administrativas. Quanto a Amenemhat III, atribui-se-lhe a construção de um imenso palácio e obras de drenagem e colonização agrícola no Fayum. Os faraós da XII dinastia construíram suas pirâmides em localidades próximas à sua capital, no Fayum.

O rei do Reino Médio era ainda um deus, um governante divino. Mas agora se apresentava como figura menos remota e inacessível, como o "deus bom", o administrador e benfeitor universal encarregado de fazer respeitar a Justiça-Verdade, deificada como Maat, filha de Ra.

O registro arqueológico não revela qualquer corte entre a XII e a XIII dinastia. Um lento declínio monárquico parece no entanto ter-se iniciado. Em fins da XII dinastia, o Delta oriental estava densamente povoado por asiáticos, enquanto o Delta ocidental talvez se tenha separado sob uma nova dinastia, a XIV. Por volta de 1640, soberanos estrangeiros, de origem asiática, tomaram o poder no Egito. Manethon chamou-os "hicsos" (*hyksos*, do egípcio hekau-khasut: "príncipes de terras estrangeiras"). Começou então o *Segundo Período Intermediário* (1640-1550). Os reis hicsos formam a XV dinastia de Manethon, enquanto a XVI parece consistir em outra dinastia de hicsos, paralela à anterior.

O poder dos hicsos não se estendeu – pelo menos não em forma permanente – à totalidade do país. Egipcianizados, os soberanos estrangeiros escolheram Seth como deus dinástico, concentraram-se no Baixo Egito e fortificaram-se na sua capital situada nos confins orientais do Delta, Avaris. Na região de Tebas surgiu a XVII dinastia, que governou primeiramente como tributária dos hicsos, contra os quais, no entanto, terminou entrando em choque, ao tratar de reunificar todo o Egito. A reunificação total, porém, com a expulsão dos hicsos, só foi conseguida sob o primeiro rei do Reino Novo, Ahmés I.

É interessante notar que, embora sendo período de divisão e domínio estrangeiro, este Segundo Período Intermediário foi bastante distinto do primeiro. Em particular, a imigração asiática e o amplo contato mantido pelos reis hicsos com o Oriente Próximo favoreceram a introdução de inovações, diminuindo o atraso tecnológico do Egito em relação à Ásia Ocidental.

Assim, o trabalho de bronze, que já progredira sob o Reino Médio, deu um grande passo à frente; os egípcios adotaram um torno para fabricação de cerâmica mais rápido e eficiente, um tear vertical mais eficaz, o gado zebu, novas frutas e legumes e, por fim, o carro de guerra e o cavalo. Foram provavelmente os carros puxados por cavalos que deram aos hicsos superioridade militar sobre os egípcios, na época em que uma verdadeira invasão sucedeu à lenta infiltração asiática que a precedera. Tal invasão liga-se aos movimentos de povos que se deram na Ásia Ocidental a partir do III milênio em sua fase final, em função da chegada de grupos de migrantes que falavam línguas indo-europeias.

Em matéria de política externa, o Egito da primeira metade do II milênio continuou a lutar contra os beduínos. Amenemhat I construiu uma série de fortificações nos limites orientais do Delta, conhecidas como o "muro do príncipe", as quais contiveram os asiáticos até a época de Senuosret III. Este fez na Ásia uma campanha militar, aliás mal conhecida. Os líbios foram guerreados, mas acabaram por se submeter. As minas do Sinai e as pedreiras do deserto oriental foram exploradas, esporadicamente como sob o Reino Antigo. Também continuaram as relações comerciais com Biblos e com o país de Punt: já Mentuhotep III, da XI dinastia, tratara de assegurar a rota para o Mar Vermelho, que passava pelo vale rochoso que hoje é chamado Uadi Hammamat. Objetos egípcios foram achados na Síria e na Palestina.

Quanto aos contatos comerciais com a ilha de Creta, nesta época se faziam talvez indiretamente, por intermédio de Chipre e da Síria. A XII dinastia realizou a conquista sistemática da Núbia até a segunda catarata do Nilo, com penetração eventual inclusive mais ao sul. As campanhas principais de tal conquista foram as de Senuosret III, que construiu uma série de fortins para garantir o domínio egípcio e o importante comércio núbio. O Egito recebia da Núbia ouro, marfim, plumas, granito para construção e também tropas auxiliares.

Na fase do domínio hicso, porém, a Núbia se separou, formando um reino independente.

A segunda metade do II milênio:
O Reino Novo

O *Reino Novo* representa o auge da riqueza e do refinamento da civilização faraônica; integram-no as dinastias XVIII a XX (1550-1070).

Os períodos anteriores da História política egípcia foram por nós apresentados em bloco, cada um deles através de rápidas pinceladas. No caso da fase que agora nos ocupará, é preciso mudar o plano expositivo, por duas razões. A primeira é que nosso conhecimento se torna bem mais detalhado, em virtude da maior abundância de textos e de restos arqueológicos. A segunda consiste em que, a partir do episódio hicso, terminou para sempre o relativo isolamento do Egito em relação à Ásia Ocidental e ao Mediterrâneo: até o fim da História faraônica, política externa e política interna passaram a estar estreitamente ligadas. Antes de abordar as diversas etapas do Reino Novo, talvez seja útil assinalar algumas constantes e características estruturais do conjunto do período.

O Reino Novo esteve marcado pelas peripécias de constituição, apogeu e progressiva perda de um império egípcio que compreendia a Síria-Palestina e a Núbia (esta última dominada em âmbito muito mais extenso geograficamente e com maior continuidade política e administrativa do que no passado). Muitos aspectos da política interna decorreram desta política externa agressiva, em particular a importância crescente do militarismo e dos militares na história do país, não só politicamente como também no plano da propriedade da terra. Outra constante foi, apesar de tentativas finalmente frustradas de reação monárquica, a ascensão progressiva, igualmente política e econômica, do sacerdócio, e em especial do clero de Tebas, cujo deus – Amon, identificado com o sol como Amon-Ra – começara a ter certa importância já sob o Reino Médio, e que agora chegou a dominar o panteão oficial e a hierarquia sacerdotal de todo o Egito.

Do ponto de vista tecnológico, as inovações do Segundo Período Intermediário e alguns aperfeiçoamentos posteriores colocaram, a princípio, o Egito do Reino Novo *grosso modo* em pé de igualdade com o resto do Oriente Próximo, na fase final da Idade do Bronze. Em poucos séculos, no entanto, tal situação mudou desfavoravelmente para os egípcios. Por volta de 1200/1100, a metalurgia do ferro havia-se já difundido por todo o Mediterrâneo Oriental, popularizando as armas e implementos metálicos que, ao se tornarem baratos e acessíveis, superaram de vez formas mais primitivas de tecnologia (instrumentos de pedra e madeira, que haviam persistido em boa medida na fase do bronze). O Egito, porém, não controlava recursos naturais adequados para uma tecnologia do ferro: embora conhecesse tal metal, seu uso intenso não se difundiu realmente no seu território até o século VII, o que significa que, outra vez, o país esteve em inferioridade tecnológica durante meio milênio em relação à Ásia Ocidental.

O Reino Novo, com seu militarismo e seu auge de conquistas, riquezas e poder, trouxe necessariamente mudanças à estrutura político-administrativa do Egito. Também houve transformações de peso ligadas a peripécias dinásticas.

Para os egípcios, o caráter divino dos reis transmitia-se pelas mulheres: era preciso que o herdeiro fosse filho não só do rei, mas também de uma princesa de sangue real; daí os frequentes casamentos de faraós com suas irmãs e meias-irmãs, e ocasionalmente com suas próprias filhas. Quando o novo rei era filho de uma esposa secundária, ou de fato um estranho à linhagem real, devia casar-se com uma princesa de sangue. Ao falharem os expedientes normais, podia ocorrer a legitimação por ficção religiosa: um oráculo do deus Amon; ou então, a afirmação de que o deus teria pessoalmente gerado o soberano em sua mãe terrestre (teogamia). O segundo artifício foi usado pela rainha Hatshepsut para legitimar sua usurpação, apoiada pelo sumo-sacerdote de Amon, Hapuseneb. Tais expedientes fizeram do alto clero de Amon o árbitro da legitimidade faraônica em casos extremos, e assim o poder e riqueza dos sacerdotes aumentavam, pois seu apoio era comprado com doações e favores.

O rei do Reino Novo conserva sua titulatura tradicional, mas é sobretudo o filho de Amon-Ra. Muitos dos soberanos foram capazes de adquirir um prestígio pessoal baseado em feitos militares. Pela complicação da administração, o faraó descarregava cada vez mais poder sobre um grupo de grandes funcionários: sua função consistia em escolhê-los, supervisionar a sua ação e servir de árbitro ao ocorrerem conflitos. O *tjati*, que como já dissemos se parecia ao que chamamos de primeiro-ministro, continuava sendo o principal entre tais dignitários. Mas o cargo se duplicou, havendo um *tjati* do sul que residia em Tebas e outro do norte com sede em Heliópolis; o primeiro tinha maior importância. Ambos tinham supremas atribuições judiciárias e financeiras, velando sobre as obras públicas, a agricultura, o exército, a administração e os arquivos.

Quanto à administração provincial, tornou-se centralizada: os governadores dos nomos cessaram de ter papel político importante e dependiam diretamente do poder central. Os *tjati* enviavam aos nomos "mensageiros" que serviam de elemento de ligação entre o governo central e as províncias, trêz vezes ao ano – em cada uma das três estações. A Núbia era administrada por um vice-rei, com sede na cidade de Napata. Como no passado, havia uma multidão de funcionários subalternos em todos os níveis da burocracia estatal: tesoureiros, escribas, coletores de impostos, policiais, etc. Além dos tributos pagos pela Núbia e pelas terras asiáticas conquistadas, a terra do Egito continuava a ser taxada, bem como permanecia vigente o sistema de corveias.

Vimos que nos reinos Antigo e Médio não havia tropas regulares, a não ser algumas companhias de núbios. Foi no movimento de expulsão dos hicsos, e depois nas guerras de conquista, que se gerou pela primeira vez um exército permanente. Sua organização nos é melhor conhecida sob a XIX dinastia, quando existiam três exércitos, que levavam o nome respectivamente de Amon, Ra e Ptah, além de uma frota para transporte: a marinha de guerra apareceu só a partir de Ramsés III, da XX dinastia. Além da infantaria, havia carros de combate puxados por dois ou mais cavalos. O chefe supremo das forças militares era o rei e existia uma hierarquia de oficiais; estes e os soldados recebiam uma parte da presa de guerra e frequentemente também doações de ouro ou de terras. Com o passar dos séculos, as tropas de mercenários (núbios, líbios) vieram a predominar numericamente.

A mais conhecida e famosa dinastia egípcia é a XVIII, em virtude principalmente da descoberta, em 1922 a.D., do túmulo do faraó Tutankhamon com seus abundantes tesouros e do forte carisma do casal Akhenaton/Nefertiti. A história política de tal dinastia, que durou um quarto de milênio, pode ser dividida em três etapas: a longa fase ascendente, de constituição do império egípcio (1550-1401); o apogeu da riqueza e do poder, nos reinados relativamente pacíficos de Djehutimés IV e Amenhotep III (1401-1353); por fim, a decadência externa e uma crise religiosa (com conotações políticas) interna, seguidas de recuperação apenas relativa (1353-1307).

A expulsão definitiva dos hicsos ocorreu por volta de 1532. Além de protagonizar tal fato capital, o primeiro rei da XVIII dinastia, Ahmés I, tomou a localidade de Sharuen, na Palestina, e restabeleceu o domínio egípcio na Núbia até a segunda catarata do Nilo. Sua política núbia foi seguida por seu filho Amenhotep I, em cuja época surgiu na Mesopotâmia e Síria setentrionais o reino do Mitani, o qual se tornou o principal adversário do Egito na Ásia durante mais de um século.

Djehutimés I (chamado com frequência "Thutmosis" em virtude da forma grega do seu nome) foi o primeiro faraó a ser enterrado no Vale dos Reis, situado à margem esquerda do Nilo diante da cidade de Tebas, a capital. A partir de então, até fins do Reino Novo, numerosos templos funerários e tumbas reais – agora subterrâneas, escavadas na rocha (hipogeus) – surgiram no ocidente tebano. Com o novo rei (que não pertencia à família real, mas se legitimou casando-se com uma princesa), o domínio egípcio na Núbia se estendeu até além da terceira catarata. Por outro lado, parece ter sido o verdadeiro iniciador do domínio egípcio na Ásia, levando suas tropas até o rio Eufrates. É possível, porém, que não se tenha tratado ainda de verdadeira conquista e sim de vasta expedição de pilhagem.

Djehutimés II, filho provavelmente ilegítimo do anterior, casou-se com sua irmã por parte de pai, a princesa legítima Hatshepsut. Ao morrer, deixou um filho tido com uma concubina, Djehutimés III, o qual foi confirmado por um oráculo de Amon, casando-se mais tarde com a filha de seu pai com Hatshepsut. Sendo o novo rei muito jovem, a rainha viúva assumiu a regência. Hatshepsut, porém, não se conformou em ocupar apenas a posição de regente: com o assentimento dos sacerdotes de Amon, usurpou o poder real como "rei", com uma titulatura faraônica e fazendo-se representar nos monumentos com vestes masculinas. Esta situação durou uns vinte anos. A rainha não realizou grandes campanhas militares, mas enviou uma importante expedição comercial ao país de Punt. Notabilizou-se também pela construção do belo e inovador templo funerário de Deir el-Bahari, dirigida por seu favorito Senmut. Â sua morte, Djehutimés III começou seu governo pessoal.

O terceiro Djehutimés, como Senuosret III no Reino Médio, além de grande construtor, foi o mais notável guerreiro de sua época. Ao longo de dezessete campanhas militares de importância variável, enfrentando coligações de príncipes e cidades da Palestina e da Síria encorajadas pelos mitanianos, e por fim vencendo o próprio Mitani, consolidou – ou, segundo outros autores, criou – o império egípcio na Ásia. Estendeu, outrossim, os limites do domínio faraônico na Núbia até além da quarta catarata, fundando a cidade de Napata. No fim do seu reinado, voltou-se contra a memória de Hatshepsut, eliminando o seu nome de várias inscrições e danificando muitas das representações da rainha em relevos e esculturas.

As razões de haver-se constituído um império egípcio na Ásia são discutidas. Tradicionalmente tal fato era atribuído à necessidade de um controle estratégico do corredor sírio-palestino, rota de qualquer invasão terrestre do Egito por povos asiáticos, com a finalidade de evitar se desse outra vez um episódio como o do domínio hicso. Outros autores, porém, preferem atribuir a expansão ao desejo de controlar rotas de comércio para garantir o abastecimento de produtos de luxo e de matérias-primas (como o estanho), além de propiciar a cobrança de tributos. Seja como for, mais do que um verdadeiro domínio imperial, o que houve foi um protetorado egípcio: os pequenos reis e príncipes da Síria e da Palestina foram mantidos, embora seus filhos fossem educados no Egito. Guarnições militares egípcias guardavam alguns pontos estratégicos.

O sistema era bastante frágil, já que, ao contrário do que aconteceu com a Núbia, que sofreu profundo processo de egipcianização, o mundo asiático reteve seu particularismo cultural e político. Só repetidas campanhas militares, reprimindo sublevações, mantinham o pagamento do tributo e a obediência pelo menos relativa à hegemonia faraônica. Mesmo assim, o Egito havia atingido o máximo do seu esplendor e poder. Depois da derrota do Mitani, os reis do Hati – o reino dos hititas – e da Mesopotâmia, entre outros potentados, além da ilha de ereta, enviaram a Djehutimés III e seus sucessores presentes que, nas suas inscrições, os faraós consideravam arrogantemente como "tributos".

A sucessão do rei guerreiro foi tranquila, pois antes de morrer associara ao trono como corregente o seu filho Amenhotep II. O novo faraó manteve o domínio egípcio na Ásia até as fronteiras estabelecidas pelo seu pai: o rio Orontes ao norte, o Eufrates a nordeste e o deserto sírio a leste. Com ele termina a longa fase inicial – e ascendente – da dinastia.

Djehutimés IV e seu filho Amenhotep III, sem manifestarem a energia de seus antecessores, colheram os frutos dos esforços destes, desfrutando de um domínio proveitoso e ainda pouco ameaçado sobre os territórios ocupados na Ásia e na Núbia. Um dos fatores que o explicam é o fortalecimento do reino hitita da Ásia Menor, ameaçando diretamente o Mitani, que então se aliou ao seu velho adversário, o Egito, para onde enviou suas princesas como esposas secundárias dos faraós.

Amenhotep III foi um grande construtor. Além de obras grandiosas nos templos de Amon e em seu próprio templo funerário, na Núbia e em outros lugares, ergueu um magnífico palácio em Malkata, diante de Tebas. Casou-se com uma mulher não pertencente à linhagem real, Tii, talvez inclusive de origem estrangeira. Além de receber em seu harém princesas mitanianas, teve também como esposa secundária uma irmã do rei de Babilônia. A correspondência diplomática de seu reinado e do de seu sucessor é-nos parcialmente conhecida através de tijolos de argila cobertos de escrita cuneiforme (a língua babilônica era a usada na época pela diplomacia no Oriente Próximo), encontrados em Tell el-Amarna, contendo cartas de monarcas e príncipes asiáticos e cópias das respostas enviadas pelas autoridades do Egito. Os egípcios obtinham abundante provisão de ouro na Núbia e os reis asiáticos solicitavam-no com insistência em suas cartas.

Com o reinado de Amenhotep IV, filho do rei anterior (sua possível corregência com o pai é assunto de controvérsias), inicia-se o processo de decadência do poderio egípcio. O aumento constante da riqueza e da ingerência política dos sacerdotes de Amon terminou sendo visto como uma ameaça pelos monarcas. Desde o reinado de Djehutimés IV, uma nova modalidade de culto solar – cujas raízes podem ser procuradas tanto na velha teologia de Heliópolis quanto em influências asiáticas – começou a ser favorecida na corte, sem que cessassem por isto, aliás, os favores dos reis a Amon-Ra e seus sacerdotes. Tratava-se do culto ao próprio disco visível do Sol: Aton. Esta tentativa ainda tímida de reforma religiosa com conotações políticas se transformou em crise radical sob Amenhotep IV. Este mudou o seu nome, que recordava

Amon, para Akhenaton, em homenagem ao novo culto; tendo já consagrado a Aton um grande templo em Tebas, decidiu depois fundar uma nova capital no Médio Egito, Akhetaton, ou "o horizonte do disco solar", para a qual se mudou com toda a sua corte.

Sua esposa principal, a bela Nefertiti, deu-lhe diversas filhas, mas não um herdeiro; o rei casou-se também com algumas de suas próprias filhas, tentando em vão garantir a sucessão. O culto de Amon foi proscrito, seus bens confiscados; mais moderadamente, também o resto da religião tradicional sofreu perseguição, pois o rei tentava impor um quase monoteísmo. Sem prejuízo de uma possível inclinação mística sincera de Akhenaton, a nova religião tinha intenções políticas claras, de exaltação e deificação do rei, filho do Sol: o faraó foi inclusive representado adorando a si mesmo! Seja como for, a reforma religiosa, carente de bases sociais sólidas, foi efêmera. Talvez o próprio Akhenaton e seu coregente e genro Smenkhara tenham tentado uma reconciliação com o clero de Amon, o que poderia quiçá explicar a ruptura entre o rei e sua esposa Nefertiti.

Existe uma teoria que vê em Smenkhara – que recebeu o nome oficial antes concedido à rainha, Neferneferuaton – a própria Nefertiti, que como Smenkhara teria reinado pessoalmente durante um breve lapso de tempo após a morte de Akhenaton. As bases de tal opinião parecem frágeis, pois aparentemente existiu um Smenkhara genro de Akhenaton e seu corregente. Os dois monarcas morreram ao que tudo indica quase simultaneamente. O sucessor, Tutankhaton – outro genro e talvez também irmão de Akhenaton –, depois de algum tempo mudou o seu nome para Tutankhamon e voltou a Tebas, onde Amon foi restaurado na totalidade de seu poder e riqueza anteriores. O reinado do novo faraó foi breve, como também o do seguinte, Ay, um idoso funcionário de Akhenaton, que se legitimou casando-se com a viúva de Tutankhamon. Por fim, chegou ao trono o general Horemheb, eminência parda dos dois reinados precedentes, o qual, ignorando os monarcas anteriores, fez contar seu acesso ao poder da morte de Amenhotep III. Casou-se provavelmente com uma princesa real para legitimar-se. Horemheb realizara algumas campanhas na Síria antes de tornar-se faraó. Ampliou o templo de Amon, usurpou as construções de Tutankhamon e empreendeu uma reforma administrativa, gabando-se de ter acabado com os abusos dos funcionários.

No calor de sua reforma religiosa, Akhenaton abandonara totalmente a política asiática da dinastia, ignorando os repetidos pedidos de socorro dos monarcas do Mitani e de príncipes fiéis da Síria-Palestina, ameaçados pelos hititas e por seu aliado sírio, Aziru, rei do Amurru, o qual ocupou em detrimento do Egito os portos fenícios, inclusive Biblos, centro tradicional do comércio egípcio na região. A Palestina teve suas cidades invadidas por nômades. Assim, ao terminar a XVIII dinastia o domínio dos egípcios na Ásia ocidental estava praticamente reduzido a zero.

A XIX dinastia (1307-1196) destacou-se, em primeiro lugar, pela recuperação da preeminência egípcia na Síria-Palestina. As necessidades da política e do comércio asiáticos levaram a que se fixasse a residência real no Delta (Pi-Ramsés), de onde aliás era originária a nova família reinante. Tebas se manteve, porém, como capital religiosa e administrativa. Ramsés I, escolhido como sucessor por Horemheb, era como este um soldado. Chegou ao trono já idoso, associando ao poder como corregente o seu filho Sethi I, que logo reinou só. Este, que já havia realizado uma campanha militar na Núbia ainda em vida de Ramsés I, dedicou-se a recuperar parcialmente o império asiático do Egito, retomando a Palestina e uma porção da Síria. No seu reinado o culto de Aton foi totalmente proscrito, encerrando-se de vez o episódio da reforma religiosa.

Sethi I também associou ao trono o seu filho, cujo longo reinado é um dos mais célebres da História egípcia: trata-se de Ramsés II. Os sucessos militares do seu pai haviam sido facilitados por uma fase passageira de declínio dos hititas; mas estes se recuperaram e voltaram a ameaçar os domínios egípcios na Ásia. Ramsés II enfrentou-os na batalha de Kadesh, que provavelmente teve um desfecho indeciso – mesmo se o faraó a fez representar nos seus monumentos como uma grande vitória graças exclusivamente a seu valor pessoal... Logo mudou, porém, a situação. Hititas e egípcios viram-se ameaçados pela rápida ascensão do reino assírio, que se apoderara do território do antigo Mitani na sua maior parte. Assim, em 1278, o Egito e o Hati concluíram através de seus monarcas o primeiro tratado internacional cujo texto nos é conhecido: o rio Orontes seria a fronteira entre os respectivos domínios; cada parte ajudaria a outra em caso de ataque ou sublevação; os asilados políticos ou fugitivos do Egito que buscassem asilo no reino hitita seriam devolvidos aos egípcios e vice-versa.

A aliança entre os reis Ramsés II e Hatusil III foi selada em 1266 pelo casamento do primeiro com uma filha do segundo. De fato, o reino hitita seria destruído dentro de poucas décadas pela nova onda de migrações indo-europeias. Ramsés II também combateu na Núbia e teve de enfrentar o ataque dos piratas que uma estela achada em Tânis, no Delta, chama de "sherden": muitos prisioneiros desta tribo passaram a constituir tropas auxiliares do exército faraônico, ao lado de numerosos líbios e núbios. Os guerreiros estrangeiros integravam cada vez mais as tropas do Egito, como prisioneiros de guerra e mais tarde também como mercenários; com frequência recebiam doações de terras.

Os três primeiros reis da XIX dinastia foram grandes construtores; entre outros monumentos, levantaram a impressionante sala hipóstila do templo de Amon em Karnak (Tebas), com colunas de 13 e de 22 metros de altura. Ramsés II cobriu de templos e estátuas a Núbia e o Egito, além de usurpar monumentos de reis anteriores; são especialmente famosos os seus templos rupestres (escavados na rocha) da localidade hoje chamada Abu Simbel (Núbia).

Ramsés II, ao morrer já idoso, foi sucedido por seu décimo terceiro filho, Merneptah. O reinado deste foi marcado pela tentativa de invasão do Delta ocidental pelos líbios associados aos chamados "povos do mar", miscelânea de tribos, algumas das quais de língua indo-europeia. A invasão foi repelida e foram feitos muitos prisioneiros.

A parte final da XIX dinastia é mal conhecida. Parece ter sido um período confuso e anárquico, durante cujas lutas sucessórias os nomarcas se tornaram quase independentes. Um dignitário sírio – Iarsu ou Bay – chegou a ter um enorme poder no Egito.

A XX dinastia (1196-1070) foi a última do Reino Novo e conheceu um único reinado de peso, o de seu segundo faraó, Ramsés III. Este rei, construtor do templo funerário de Medinet Habu (Tebas), teve de enfrentar e repelir três ataques dos "povos do mar" contra o Delta, dois provenientes da Líbia e um do leste (este último em forma de invasão ao mesmo tempo terrestre e marítima). O Egito, em seu reinado, ainda controlava o sul da Palestina, cuja zona costeira, no entanto, caíra nas mãos da tribo indo-europeia dos filisteus. Ramsés III efetuou uma reforma social e administrativa que conhecemos mal; alguns autores interpretam-na como constituindo a consagração da tendência já antiga à hereditariedade das funções e à formação de castas. Em seu reinado deu-se uma greve – que já mencionamos – dos operários da necrópole real e houve uma tentativa de assassinato do rei, tramada por uma mulher do seu harém para levar ao trono um dos príncipes.

Depois de Ramsés III, outros oito reis – todos chamados Ramsés – ocuparam o trono durante uns noventa anos. Foi uma fase francamente decadente, durante a qual o Egito perdeu o controle da Palestina e mais tarde da Núbia. Os sacerdotes de Amon concentravam enormes extensões de terras e se tornaram praticamente independentes em Tebas. Os mercenários estrangeiros – líbios em particular – também chegaram a ter muito poder e riqueza. O país conheceu más colheitas e anos de fome e miséria. As tumbas reais foram pilhadas. Sob

Ramsés XI, derradeiro rei da dinastia, o vice-rei da Núbia tentou um golpe de Estado para apossar-se da região de Tebas, o qual fracassou; a Núbia, porém, desde então escapou gradualmente ao controle egípcio, até se tornar completamente independente. O poder real, num Egito dividido, passou a estar, em Tebas, nas mãos do sumo-sacerdote de Amon, Hrihor, que era de origem militar e conseguiu assegurar suas funções para seu filho Piankh; e, no Delta, pertencia a Nesubanebdjed, fundador da XXI dinastia, cuja capital foi Tânis. Era o fim inglório do Reino Novo.

O I milênio (até 332):
Terceiro Período Intermediário e Época Tardia

O *Terceiro Período Intermediário* (1070-712), com as dinastias XXI a XXIV, e compreendendo também a primeira parte da XXV dinastia, foi uma longa fase de divisão e dinastias paralelas; em certas ocasiões, vários governantes partilhavam ao mesmo tempo o território egípcio, embora nem todos adotassem a titulatura faraônica. Em Tebas, o governo efetivo era controlado por uma dinastia de sumos-sacerdotes de Amon, surgindo depois outra figura religiosa de grande poder: a "divina adoradora de Amon", normalmente uma princesa de sangue real. A XXII dinastia foi de líbios (estabelecidos de longa data no país como mercenários), a XXV de núbios de Napata, que conquistaram a região de Tebas.

O rei líbio do Egito Sheshonk I saqueou Jerusalém por volta de 930 e reatou relações comerciais com Biblos; mas já não foi possível aos egípcios a restauração de qualquer domínio durável na Ásia ocidental. Sem o ouro da Núbia, o Egito tinha dificuldades para pagar suas importações – cedro do Líbano, estanho, artigos de luxo diversos, etc. –; sabemos, por um documento de princípios do Terceiro Período Intermediário, que as exportações egípcias para a Ásia consistiam então em rolos de papiro, tecidos finos de linho, couros de boi, lentilhas, peixe seco, etc.

Em 712, o rei núbio Shabaka conseguiu reunificar o Egito e a Núbia, estabelecendo em Mênfis a sua capital. Começou então a *Época Tardia* (712 332), com as dinastias XXV (parte final) a XXX.

A recuperação do país em 712 foi apenas parcial: se já não houve dinastias paralelas, os potentados locais conservaram muito poder e foram chamados "reis" pelos invasores assírios quatro décadas depois. Seja como for, as grandes construções da dinastia núbia, contrastando com a mediocridade anterior, atestam uma relativa prosperidade, talvez explicável em parte por inundações excepcionalmente boas do Nilo, permitindo excelentes colheitas durante vários anos.

O auxílio dado pelos egípcios ao reino de Judá (na Palestina), o qual estava sob ataque assírio, foi o pretexto para a invasão do Egito pelos assírios, cujo império era agora a grande potência do Oriente Próximo. Depois de uma tentativa frustrada em 674, os invasores conseguiram tomar Mênfis em 671; mas o rei núbio Taharka a recuperou dois anos depois. As maiores campanhas de invasão deram-se sob o rei assírio Assurbanipal, a primeira em 667 e a segunda entre 663 e 657. Os assírios conseguiram a ajuda de egípcios, pretendentes ao trono faraônico e inimigos dos reis núbios: estes últimos perderam o Egito, mas continuaram a reinar na Núbia, na qual se desenvolveu a chamada civilização meroítica.

O domínio assírio foi passageiro. O rei Psamatik I, da XXVI dinastia, cuja capital foi Sais, no Delta ocidental, depois de eliminar os potentados egípcios rivais do seu poder, conseguiu expulsar os invasores estrangeiros por volta de 653. O período do "renascimento saíta", como é conhecida a fase da XXVI dinastia, é-nos conhecido principalmente através de fontes gregas – como aliás toda a História subsequente do Egito. Marcou-o uma forte tendência arcaizante na arte e na administração, com a imitação deliberada e saudosista dos padrões do Reino Antigo (a dois mil anos de distância no tempo!). Os mercenários gregos eram agora o ponto de apoio do poder dos faraós. Uma colônia comercial grega, Náucratis, instalou-se no Delta.

O faraó Nekau II começou a construção de um canal que ligava o Delta ao Mar Vermelho. Diz-se que, por sua ordem, uma frota fenícia fez a volta completa do continente africano. Ele tentou também ressuscitar a antiga política expansionista na Síria, onde guerreou entre 610 e 605, mas o rei de Babilônia – potência que sucedera à Assíria – forçou-o a retirar-se. Psamatik II, seu sucessor, também tentou a sorte na Ásia e sobretudo na Núbia (591), com pouco sucesso. No século VI, a ascensão do poderio persa levou o faraó Ahmés II a aliar-se ao rei Creso da Lídia, à Babilônia, ao tirano de Samos (cidade grega situada numa ilha costeira da Ásia Menor), a Esparta (cidade do Peloponeso, na Grécia); talvez tenha conquistado a ilha de Chipre, estrategicamente situada em relação à Ásia ocidental. Tudo em vão: a Lídia e a Babilônia logo caíram sob os ataques de Ciro, rei da Pérsia, a cujo sucessor se submeteu Polícrates, o tirano de Samos. Este sucessor de Ciro, Cambises, conseguiu finalmente tomar o Egito, vencendo o último faraó da XXVI dinastia, Psamatik III, em Pelusa, no Delta Oriental (525).

Depois de um domínio persa aparentemente áspero sob Cambises, na época do rei persa Dario I o Egito conheceu um período calmo e próspero. Os reis persas formam a XXVII dinastia de Manethon. Mercenários estrangeiros viviam em terras egípcias, como no passado, mas agora a serviço dos persas. Dispomos de interessante documentação proveniente de uma colônia militar judaica estacionada em Elefantina, na fronteira com a Núbia (ver *Documents araméens d'Égypte*, tradução e apresentação de Pierre Grelot, Paris, Les Editions du Cerf, 1972). Dario acabou de construir o canal iniciado por Nekau II, estrategicamente vital para os persas, pois permitia a vinculação direta entre o Golfo Pérsico e o Nilo através da navegação; tal canal teve também grande importância comercial.

Uma rebelião começada em 404 conseguiu recuperar a independência egípcia entre 400 e 343, sob as breves dinastias XXVIII a XXX. Em 343, porém, com a vitória de Artaxerxes III sobre Nectanebo II (de fato o seu nome egípcio, Nekhtharebhe, nada tem a ver etimologicamente com o de seu predecessor chamado Nectanebo I, que era Nekhtnebef), começou a curta porém dura segunda ocupação persa, que terminou com a conquista do Egito por Alexandre da Macedônia, em 332.

A partir do período assírio, o Egito havia penetrado plenamente na Idade do Ferro. Como o território egípcio não continha minério de ferro, tal metal era importado, do Oriente Próximo segundo parece; a metalurgia do ferro difundiu-se muito, também, a partir do Egito, na região núbia de Méroe, da qual passou ao resto da África Negra (embora possivelmente tenha existido também um foco independente de difusão do ferro no Sudão Ocidental). Os persas introduziram no Egito o camelo, o que possibilitou o desenvolvimento dos grandes oásis que se acham a oeste do vale do Nilo – antes bastante marginais –, nos quais se ergueram templos e outros monumentos.

Conclusão

Entre aproximadamente 3000 e 332, o Egito conheceu várias épocas de unidade dinástica e centralização (aproximadamente 70% daquele período de quase dois mil e setecentos anos), em alternância com fases de descentralização, dinastias paralelas ou domínio estrangeiro. Alguns autores, como J. Pirenne, apresentam por isto a História faraônica como tendo um caráter "cíclico".

A identidade política e étnica do país como reino – ou, mais exatamente, como dois reinos unificados na e pela pessoa do monarca –, em outras palavras e usando um termo algo anacrônico, a *nação* egípcia antiga nasceu – e depois renasceu diversas vezes – da conquista e se conservou por mecanismos religiosos (em especial, mas também houve outros fatores de tipo ideológico), fiscais e militares. Favorável à união era o fato de que a maioria da população vivia em aldeias pouco vinculadas entre si, à mercê de uma burocracia central poderosa, e também a maior prosperidade que inegavelmente acompanhava os períodos de centralização monárquica, quando as estruturas econômico-sociais do Vale e do Delta eram coerentemente administradas. Os fatores de diversidade regional e desunião mantiveram-se sempre, porém, muito fortes; embora nem sempre visíveis, em virtude de a massa das fontes disponíveis originar-se no aparelho de Estado e setores a ele associados. Já vimos que a topografia do país dificultava as comunicações internas. Todos os egípcios falavam a mesma língua, mas as diferenças dialetais eram suficientemente marcadas para que um natural do Egito meridional não pudesse ser compreendido pelos habitantes do Delta. Em cada nomo, o deus local continuava sendo visto como divindade suprema, por mais que alguma divindade dinástica fosse proclamada como a principal de todo o país oficialmente. O sistema de irrigação vigente podia eventualmente ser operado em escala local.

Bastava um enfraquecimento do poder central para que o Egito corresse o risco de cindir-se nos dois reinos pré-dinásticos, ou mesmo para que os nomos, ou grupos deles, tentassem recuperar sua autonomia. Dada a baixa produtividade por trabalhador empregado, ligada a forças produtivas no conjunto limitadas, só um Estado unificado podia mobilizar recursos suficientes – homens, excedentes reunidos pelo tributo ou pela exploração direta dos domínios reais e dos templos – para que grandes obras públicas e uma corte e intelectualidade brilhantes fossem possíveis. Por isto, os períodos de descentralização política foram também épocas de decadência artística e cultural, e que são portanto mal conhecidas por nós (já que nelas se geraram menos fontes escritas ou arqueológicas).

Outro fato chama a atenção na longa História egípcia. Mesmo se, a partir do episódio hicso, o país conheceu imigrações pacíficas e invasões violentas de estrangeiros, é impressionante como tais incidências do exterior – mesmo introduzindo, como vimos que o fizeram, importantes elementos de tecnologia – modificaram pouco os padrões fundamentais da vida do Egito, marcados indelevelmente pelas determinações de uma agricultura irrigada em estrita dependência das cheias do Nilo. Isto e a força inegável da civilização faraônica foram fatores poderosos de assimilação e aculturação dos recém-chegados através dos tempos. Não se deve confundir a estabilidade das características básicas com imobilidade, no entanto: o resumo que fizemos da História faraônica deve ter bastado para demonstrar que o país mudou muito ao longo dos milênios de tal História.

Aspectos da Vida Intelectual

O pensamento egípcio antigo

Em linhas gerais, o pensamento dos antigos egípcios aparece marcado, em primeiro lugar, por seu caráter *pré-filosófico* e *mítico*. Note-se que isto não significa que tenha sido um pensamento pré-lógico; quer dizer, simplesmente, que a abstração, a generalização e os jogos mentais "puros" não constituíam suas características centrais. O raciocínio egípcio se baseava na acumulação de exemplos concretos, não em teorias gerais. Estava, outrossim, engajado no esforço de preservar a estrutura politico-social vigente e a ordem cósmica, através de uma ética e de observâncias rituais adequadas;

ou em fornecer, pragmaticamente, regras ou receitas funcionais às diversas atividades. O mito explicava o mundo descrevendo, em cada caso, como algum fato supostamente se dera pela primeira vez num longínquo passado. Um sentido cíclico do tempo e do universo fazia com que tal ocorrência primordial continuasse tendo vigência e atualidade: o conhecimento (mítico) do passado das coisas permitiria, pois, entender o seu desenrolar atual e futuro.

Dissemos que o pensamento egípcio estava interessado na preservação do estado de coisas: era, assim, *conservador* e *conformista* em forma predominante (quando não abertamente oportunista, ao legitimar a ânsia de agradar aos poderosos). Isto se liga, em primeiro lugar, à estabilidade estrutural básica – através de múltiplas mudanças – que caracterizou, já o vimos, a civilização faraônica através dos milênios. Tal fato reforçava a convicção de existir uma ordem necessária, legítima e desejável no mundo e na sociedade. Em segundo lugar, é evidente que a minoria de letrados, que nos deixou as únicas fontes escritas disponíveis para o estudo das opiniões e ideias do antigo Egito, estava direta ou indiretamente comprometida com o Estado faraônico. Monarcas, sacerdotes, escribas, funcionários e militares acreditavam que, no princípio da história, os deuses haviam reinado pessoalmente neste mundo, sendo o rei-deus o seu legítimo herdeiro e sucessor: a ordem cósmica e político-social, encarnada na deusa Maat (justiça-verdade ou norma justa do mundo), tinha pois uma base sagrada, tal como o respeito pelas opiniões dos antepassados.

Continuando com as características centrais do pensamento egípcio, mencionemos agora um princípio que o caracteriza, discernível em todas as manifestações religiosas, cosmogônicas e de outros tipos, e que se convencionou chamar de *diversidade de aproximações*. A um homem de hoje pode parecer incoerente e contraditório que o céu pudesse ser descrito como uma vaca, como uma mulher, e ainda como um rio no qual navega o barco do Sol. Ou que Osíris – deus ligado à ideia do renascer, daquilo que morre e volta a despertar – fosse associado ao mesmo tempo a coisas tão diferentes quanto a cheia do Nilo, que decorreria dos humores que fluem de seu cadáver (em outra versão, aliás, ela seria provocada por outro deus, Khnum, residente na primeira catarata), o grão que é enterrado e germina, a Lua com suas fases, e finalmente o Sol noturno que atravessa o mundo subterrâneo; sem que, por outro lado, Osíris pudesse esgotar qualquer destes fenômenos, que em outros de seus aspectos eram associados a deuses e mitos diferentes.

Um egípcio antigo, porém, tratava de esgotar tantos aspectos quantos pudesse de cada fato do mundo visível ou divino, através da justaposição de imagens variadas, mas para ele, complementares – outras tantas aproximações possíveis a uma realidade complexa e talvez inefável ou inesgotável – e não contraditórias ou excludentes. No que para nós pode parecer um amontoado de absurdos e contradições, o raciocínio teológico, por exemplo, tratou de conciliar diferentes tradições paralelas, divergentes entre si, mas todas consideradas igualmente sagradas, através de assimilações, sincretismos e outros recursos. O universo era visto como o domínio de forças que se podem manifestar em formas diversas, todas igualmente válidas. Por que, então, se espantaria um egípcio de que a deusa Hathor se manifestasse sucessivamente como uma vaca, uma mulher, uma serpente, uma leoa, uma chama ou através de uma árvore? Ou de afirmações como a de ser Ra a face de Amon e Ptah o corpo deste, sem que por isto Ra e Ptah deixassem de ser também deuses distintos?

Por fim, os egípcios professavam uma crença no *poder criador da palavra* e, por extensão, das imagens, dos gestos e dos símbolos em geral, que se articulava com a possibilidade de coagir os deuses e o cosmos; ou seja, com a *magia*. Ptah, deus de Mênfis, numa das versões do mito da criação do mundo, gerou deuses simplesmente pronunciando os respectivos nomes. O raciocínio mítico muitas vezes funcionava através de trocadilhos, pois ao ter a palavra poder criador, as coisas designadas por termos homófonos ou de pronúncia semelhante se equivalem – já que o nome é a coisa. Por exemplo, dizia-se que Ra, chorando (*rem*), criou os homens (*romé*) e os peixes (*ramu*). A extensão de tal princípio a outros sistemas de signos abria o caminho a formas variadas de ações mágicas. Se a palavra, o gesto, a escrita, a imagem, etc. geram a realidade, podia-se agir sobre esta através de fórmulas verbais, gesticulação ritual, textos, desenhos... A representação do rei, nos relevos dos templos, dominando os inimigos do Egito, garantiria a segurança do país através da constante vitória sobre tais inimigos. Se um dado rito exigia o sacrifício de um hipopótamo – ação bastante incômoda e complicada –, quebrar uma estatueta de hipopótamo magicamente consagrada surtiria o mesmo efeito. Se os encarregados do culto funerário se descuidassem do oferecimento de vitualhas ao morto, a representação pictórica de pães e outros alimentos nas paredes da tumba teria efeito equivalente. E assim por diante.

A religião

No antigo Egito, a religião historicamente conhecida resultou, em primeiro lugar, da superposição e organização das divindades dos nomos. O dogma nunca foi, de fato, unificado: em cada santuário o deus local era visto como a divindade suprema e criadora. Os deuses dos nomos tinham aparentemente uma origem totêmica, estando ligados a animais, personagens ou fetiches que se vinculavam ao culto dos antepassados tribais e que sofreram nos tempos históricos um processo parcial ou total de antropomorfização. Hórus, por exemplo, podia ser representado por um falcão, por um homem com cabeça de falcão ou ainda – mais raramente – por um homem.

À medida que se foi processando e finalmente concluiu a unificação do país, sentiu-se ser necessário explicar as relações entre os deuses, hierarquizá-los. Surgiram construções diversas: *tríades* de pai, mãe e filho (Osíris, Ísis e Hórus; Amon, Mut e Khonsu; Ptah, Sekhmet e Nefertum, etc.), e também vastas *sínteses teológicas* que tratavam de explicar a origem do mundo e dos deuses. Tais sínteses contradiziam-se mutuamente: na de Mênfis era Ptah o deus criador, na de Heliópolis era Ra, na de Hermópolis, Djehuti (Thot), etc. Já vimos, porém, que tais incoerências aparentemente não incomodavam os egípcios antigos. As sínteses das cidades mais importantes influenciavam as das cidades menores.

A especulação teológica, ao surgirem as grandes sínteses, criou deuses cósmicos e abstrações divinizadas não provenientes dos cultos dos nomos: o oceano primordial e a justiça-verdade Maat são exemplos. Quanto aos deuses locais, alguns permaneceram puramente regionais, enquanto outros se impuseram a todo o país: Ra de Heliópolis, Djehuti de Hermópolis, Ptah de Mênfis, posteriormente Amon de Tebas, além dos deuses da tríade osiriana e da religião funerária (Osíris, Ísis, Hórus, Anubis, etc.). Houve também a adoção eventual de deuses estrangeiros e a divinização de certos personagens históricos (como Imhotep). Aliás, no começo do século E. Amélineau pretendeu mesmo que *todos os* deuses não passavam de mortos divinizados, o que não parece aceitável. Existiam, por outro lado, divindades menores, espécies de gênios protetores: Bes, um anão que protegia do mau-olhado e estava ligado à fertilidade; Taurit (Tuéris), um hipopótamo-fêmea que protegia as mulheres grávidas, etc.

Uma forte diferença separava o culto oficial vinculado à monarquia e aos templos (aos quais, aliás, o acesso era extremamente restrito), muito intelectualizado, da piedade popular. Para o homem do povo, desde o Reino Antigo era Osíris o deus mais venerado: tal fato, porém, tardou muitos séculos a refletir-se em mudanças radicais na religião de Estado. As massas populares veneravam Amon, Ptah e outros grandes deuses, mas não entendiam as complicadas cosmologias e sínteses teológicas arquitetadas pelos sacerdotes. O culto de animais sagrados, como os touros Ápis e Mnevis e muitos outros, era igualmente um aspecto importante da religião popular. Os teólogos oficiais explicavam este aspecto da religião afirmando que em tais animais, como nas estátuas divinas, encarnava-se uma parcela das forças espirituais e da personalidade de um ou mais deuses.

Os templos, construídos de pedra a partir de meados do III milênio, tinham o duplo caráter de palácio ou residência de um deus ou deusa e de centro de operações mágicas. A ereção de templos era atribuição exclusiva dos faraós. O culto diário consistia no serviço pessoal prestado ao deus pelos seus sacerdotes – como delegados do rei, em teoria o único habilitado a estabelecer o vínculo entre homens e deuses: pela manhã a estátua divina era abraçada para que o sopro vital nela se insuflasse, habilitando-a a receber uma parcela do espírito da divindade; em seguida era lavada e vestida, recebendo depois oferenda de alimentos e bebidas. Procissões, festivais em que a imagem saía do templo pelas ruas da cidade, pelos campos ou navegando no Nilo em sua barca luxuosa, visitas dos deuses entre si, eram outros aspectos do calendário religioso.

Os egípcios viam a criação como uma espécie de ilha de ordem cercada pelas forças do caos, que a ameaçavam constantemente de aniquilação, da mesma forma como o Delta e o Vale férteis e organizados estavam cercados pelos desertos hostis e anárquicos. Por isto os templos eram, em sua arquitetura e decoração, representações simbólicas do universo e a sede de operações mágicas destinadas a evitar a destruição cósmica. As imagens mais usuais desta concepção eram as do caminho diurno e noturno do Sol, ameaçado por demônios inimigos (como a serpente Apepi) entre os quais terminou sendo incluído o deus Seth, o adversário de Osíris e Hórus.

A religião egípcia tem sido território frequentado por teorias abstrusas, que amiúde refletem antes de mais nada as preocupações religiosas pessoais dos seus autores, quando não a aplicação de metodologias artificiosas cujos resultados são assaz duvidosos (como nos parece ser o caso das tentativas de aplicação do método baseado em oposições binárias complementares, derivado da Antropologia Estrutural de Claude Lévi-Strauss). Desde o século XIX, diversos autores vêm afirmando que, apesar de um politeísmo aparente, a religião dos antigos egípcios era de fato monoteísta. As concepções acerca do caráter e das atribuições da divindade seriam coerentes e unitárias, sendo os deuses múltiplos simples aspectos ou manifestações do Deus único e inefável. Tal afirmação é, no mínimo, muito exagerada e, aliás, no pensamento egípcio a unidade indiferenciada do divino se confundia com o caos que precedeu à criação.

Não há dúvida, porém, de que certos mecanismos de especulação teológica reduziram a diversidade inicial em favor de uma unificação relativa do panteão, que no entanto jamais se completou. Entre 2700 e 1800, aproximadamente, o prestígio da teologia de Heliópolis levou a uma progressiva "solarização" do conjunto da religião. Diferentes divindades buscaram a assimilação a Ra: Amon-Ra, Sobek-Ra, Montu-Ra, etc. No Reino Novo, por outro lado, fortaleceram-se as tentativas de sincretismo e identificação entre as personagens e mitos divinos. Uma tentativa unificadora radical, tendente a simplificar a religião em torno da figura sensível do Sol (e não da oculta, que Amon representava) e do faraó seu filho, foi a fracassada reforma de Akhenaton. Mesmo derrotada, influenciou as sínteses e especulações posteriores.

Um aspecto especial e muito importante da religião egípcia eram as crenças funerárias. Também aqui, a sobrevivência depois da morte foi objeto de visões divergentes que se foram superpondo sem eliminação mútua. O morto tanto era imaginado renascendo na própria tumba, que era sua "casa de eternidade" na qual recebia oferendas de comida e bebida (e da qual eventualmente poderia escapar por algum tempo em forma de pássaro), como navegando na barca solar, ou ainda sendo julgado no tribunal de Osíris para depois, se não fosse condenado (e isto poderia ser evitado tanto por uma confissão ética e pela pesagem do seu coração, quanto por diversos meios mágicos), viver para sempre num "outro mundo" governado por aquele deus, o qual de fato recordava muito o próprio Egito. A religião funerária era profundamente penetrada de magia em todos os seus aspectos. A princípio patrimônio do rei em caráter exclusivo, foi progressivamente aberta a camadas cada vez mais extensas da população – aquelas, pelo menos, que pudessem cobrir as despesas elevadas da mumificação (já que se julgava essencial para o renascimento a preservação do cadáver, que assimilava o morto a Osíris, miticamente a primeira de todas as múmias), da construção e equipamento da tumba, e da manutenção do culto funerário. As crenças sobre a vida depois da morte fizeram dos túmulos egípcios os mais ricos de toda a História humana em oferendas enterradas com os defuntos e em representações diversas da vida quotidiana e das atividades profissionais do morto e seus subordinados: daí a sua extraordinária importância como fonte histórica. Como é natural, foram as tumbas reais as mais ricas, embora por isto mesmo tenham sido quase todas saqueadas na própria Antiguidade. As sepulturas dos reis seguiram historicamente a evolução que as conduziu da "mastaba", construção de tijolos em forma de paralelepípedo, encimando a fossa funerária onde se achava a múmia em seu sarcófago, à pirâmide de pedra de tamanho variável, e desta aos hipogeus escavados na rocha. Os túmulos reais mais antigos compreendiam no seu recinto capelas para o culto funerário do faraó morto; depois foram construídos para este fim templos inteiros, às vezes extensos, ligados ou não aos sepulcros.

A religião penetrava intimamente todos os aspectos da vida pública e privada do antigo Egito. Cerimônias eram realizadas pelos sacerdotes cada ano para garantir a chegada da inundação, e o rei agradecia a colheita solenemente às divindades adequadas. Oráculos dos deuses – em especial os de Amon no Reino Novo e em épocas posteriores – desempenhavam um papel importante na solução de problemas políticos e burocráticos e eram também consultados pelos homens do povo antes de tomarem decisões de algum peso. As mulheres sem filhos se desnudavam diante de touros ou carneiros sagrados, esperando mudar a situação por sua exposição a tais símbolos de fertilidade. A medicina era penetrada de magia e religião. O aspecto supersticioso das crenças multiplicava o uso de amuletos e outras proteções mágicas, tanto pelos vivos quanto pelos mortos.

Língua, escrita e literatura

A língua egípcia é considerada africana, com alguma influência semítica. Na classificação de M. Greenberg, pertence à família "hamito-semítica" ou "afro-asiática", a que estão vinculadas línguas faladas atualmente, como o berbere e o tchadiano. A última etapa histórica do antigo egípcio foi o copta, hoje idioma morto, mas ainda usado como língua litúrgica dos cristãos do Egito.

No período faraônico, três fases transparecem através dos textos escritos conservados: egípcio arcaico, egípcio clássico ou médio (da X dinastia à época de Amenhotep III) e neoegípcio.

A *escrita hieroglífica*, inventada em fins do pré-dinástico e aperfeiçoada sob as primeiras dinastias, comportava signos numerosos, utilizados de três modos: como pictogramas; como fonogramas representando uma, duas ou mais sílabas (certos fonogramas eram complementos fonéticos que duplicavam alguns sons da palavra para facilitar a leitura); e como determinativos: só as consoantes eram grafadas, e os determinativos permitiam distinguir entre si palavras

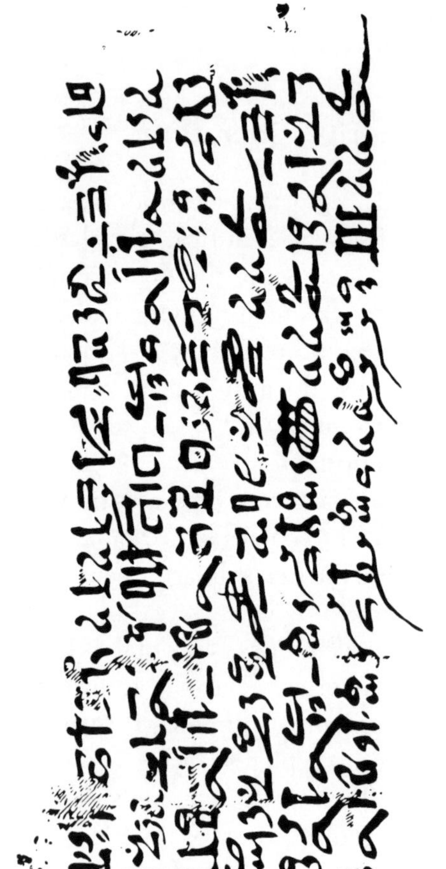

kbt, n gmn·t sy ḏd·tn n·f ḏ;ḏ;-m-ʿnḫ : ḥwy
;wḏ; ḥm·k r šy n pr-ʿ; (ʿnḫ wḏ; snb). ʿpr n·k b;w
m nfr·t nt ḥnw ʿḥ·k . tb n ḥm·k r kbb
n m;; ḥnn·sn ḫnt m ḥd m ḫnt
tw·k ḥr m;; sšw nfrw m šy·k, tw·k ḥr
m;; sḫt·f ḥf;;t·f nfrw tw tb·k r

Fig. 6 – Passagem do conto "O Rei Khufu e os Mágicos": texto hierático, o mesmo texto em hieróglifos e transcrição fonética. (Adolf Erman, The Ancient Egyptians. A Sourcebook of their Writings, Gloucester (Massachuserts), Peter Smith, 1978, pp. LXVIII-LXIX. O manuscrito hierático em questão data do começo do Reino Novo.)

diferentes mas que continham a mesma estrutura consonantal. Os hieróglifos – cuja leitura perdeu-se em fins da Antiguidade e foi reencontrada em 1822 por F. Champollion – continuaram, ao longo de toda a História antiga do país (inclusive sob os monarcas helenísticos e romanos), sendo utilizados nas inscrições epigráficas dos templos, túmulos, estelas, etc., e eventualmente em manuscritos (papiros). Prestavam-se mal, contudo, a que se escrevesse rapidamente e ao ditado, pelo qual surgiu, desde tempos bastante antigos, uma forma simplificada ou cursiva da escrita hieroglífica, o *hierático*; este não constitui "outro" sistema de escrita e sim uma simples derivação do anterior. Por fim, o hierático por sua vez se simplificou, bem mais tarde, dando a forma chamada *demótico*. As inscrições ou manuscritos egípcios não têm pontuação nem separam as palavras entre si, mas a disposição e leitura dos signos seguem certas regras bastante simples. Antes da tradução, o especialista procede – segundo normas fixadas internacionalmente – à transcrição fonética do texto em alfabeto latino (acrescido de alguns outros signos e sinais convencionais), distinguindo as palavras ou grupos de palavras.

A Figura 6 apresenta um fragmento do papiro hierático Westcar, conservado em Berlim, a transcrição do texto original em hieróglifos (que neste caso devem ser lidos da direita para a esquerda) e por fim sua transcrição fonética. Eis aqui a tradução (modificamos a tradução de Erman para torná-la mais literal):

linha 1: "... um divertimento, mas não pude encontrá-lo". Djadjaemankh lhe disse: "Que

linha 2: tua Majestade se dirija ao lago do palácio (Vida! Saúde! Força!). Equipa para ti um barco

linha 3: com todas as belas jovens que estão nos aposentos interiores de teu palácio. O coração de tua Majestade se divertirá

linha 4: ao vê-las remando, a remar de um lado para outro.

linha 5: Tu poderás ver os belos ninhos de pássaros em teu lago, e

linha 6: verás teus campos em suas belas margens. Teu coração se..."

Os textos egípcios que se conservaram são predominantemente religiosos e funerários – textos das pirâmides, textos dos sarcófagos, *Livro dos Mortos* (coletânea de fórmulas mágicas para orientação do morto quando renascesse e devesse orientar-se no além), hinos a diversas divindades, inscrições que se referem aos mitos e rituais divinos... –, relativos aos feitos dos reis, e biografias oficiais de funcionários. Desde o Reino Antigo, porém, apareceu uma literatura profana, mais bem conhecida para épocas posteriores: romances

curtos, poesias líricas, "instruções" moralizantes, sáti-
ras, tratados técnicos, etc.

Pelos textos conhecidos, podemos dizer que
a "ciência" faraônica consistiu em coletâneas de
conhecimentos empíricos diversos – receitas de medi-
camentos, fórmulas geométricas e trigonométricas
para a agrimensura ou para a construção, etc. – mais do
que em um conhecimento generalizado ou teorizado;
houve, no entanto, algum esforço de classificação e
organização. A numeração era decimal, mas não existia o zero; das operações usuais da aritmética, existiam
duas (soma e subtração). O calendário, ao mesmo
tempo solar e lunar, estabeleceu-se cedo, através da
observação da coincidência eventual do aparecimento
conjunto do Sol e da estrela Sírius com o início da
inundação. Porém, só na época dos Ptolomeus o ano
solar foi aperfeiçoado pela criação de anos bissextos.
Os médicos egípcios eram famosos na Antiguidade, e
a prática da mumificação levou a uma acumulação de
conhecimentos anatômicos empíricos. Não obstante,
medicina, astronomia e outros ramos de estudo ou
ciência aplicada estavam profundamente penetrados
de magia e religião.

A cultura do Egito antigo, nos aspectos que podemos conhecer, era patrimônio de reduzida elite de
letrados: cortesãos, sacerdotes, funcionários e escribas.

Apesar da insistência com que os gregos se referiam às origens egípcias das ciências, na realidade a influência da Mesopotâmia sobre os começos da ciência grega parece ter sido muito maior.

Artes plásticas

Os antigos egípcios não tinham, como nós, uma noção da arte como atividade que se autojustifica: arquitetos, escultores ou pintores viam-se como funcionários ou como artesãos que produziam objetos funcionais para uso religioso, funerário ou de outro tipo.

A arte em todos os seus aspectos – arquitetura, escultura, pintura, artes menores – girava em torno dos deuses, do rei-deus e da corte. Sendo o faraó o construtor principal e o maior consumidor de objetos de arte, por concentrar a riqueza e a mão de obra especializada e não especializada necessária, as épocas de apogeu artístico coincidem com os auges do poderio faraônico. A não ser em arquitetura, pois templos e tumbas mudaram muito até sua fixação sob o Reino Novo, desde o Reino Antigo estavam fixados padrões ou cânones artísticos que variavam sem perda de suas características fundamentais, pelo que se constata, apesar de inevitáveis alterações do gosto, do grau de refinamento e de inúmeros detalhes ao longo dos séculos, uma grande unidade de estilo, tornando reconhecível à primeira vista como egípcia uma obra de arte de qualquer época. A única quebra realmente radical desses cânones se deu durante a heresia religiosa de Akhenaton e os anos imediatamente subsequentes, época chamada "amarniana", caracterizada por forte tendência ao naturalismo ou mesmo à caricatura e à decoração profusa.

Em arquitetura o que melhor conhecemos são os templos e tumbas, construí dos com materiais imperecíveis, ao passo que quase não temos restos de palácios reais e residências particulares. Os templos egípcios se caracterizam sobretudo pela sua monumentalidade. A partir do Reino Novo, fixou-se um padrão em tal tipo de edifício: entradas monumentais (pilonos), pátios abertos, salas hipóstilas (isto é, com o teto suportado por colunas), um santuário obscuro, capelas para a barca do deus e outros fins, depósitos, etc. À frente dos pilonos havia estátuas gigantescas dos reis e monólitos de pedra (os obeliscos, símbolos solares), além de mastros com bandeirolas encostados à fachada. O maior conjunto arquitetônico é o constituído pelos templos de Amon em Luxor e Karnak, em Tebas, com múltiplos anexos.

A escultura real, às vezes associada aos edifícios, era com frequência também monumental e idealizada, representando o faraó segundo certas convenções bastante rígidas quanto às atitudes e às vestimentas. Já a escultura de particulares – que conhecemos através das tumbas – era mais realista. A pintura, que não conhecia a perspectiva, refinou muito as suas técnicas no Reino Novo, quando comparada aos períodos anteriores; também neste caso, porém, certos cânones e convenções se mantiveram com pouca mudança ao longo dos milênios. Particularmente notáveis – e úteis como documentação – são as pinturas e relevos encontrados nos túmulos. Certos manuscritos – em especial edições luxuosas do *Livro dos Mortos* – são também decorados com belas ilustrações.

Conclusão:
"Modo de Produção Asiático"?

Foram bastante frequentes, no passado, as interpretações das estruturas econômico-sociais do Egito faraônico que apelavam para conceitos como os de escravismo, feudalismo ou mesmo capitalismo, todos anacrônicos ou inadequados às realidades específicas da vida às margens do Nilo durante o longo período considerado neste livro. Tais generalizações de categorias derivadas da História antiga ou recente do mundo mediterrâneo-europeu a uma experiência histórica consideravelmente distinta deram, como era natural, resultados muito ruins e pouco convincentes. Isto levou, sobretudo a partir da década de 1960, à revalorização de certas ideias de Marx e Engels contidas (esporadicamente) em textos que se escalonam entre 1853 e 1883, a respeito de uma modalidade de organização econômico-social e política que, em apenas uma ocasião (1859), Marx denominou "modo de produção asiático". Estas ideias – nunca desenvolvidas em forma suficiente pelos fundadores do marxismo – tinham sido proscritas depois de acalorada discussão, entre os marxistas tanto ocidentais quanto soviéticos, no período que vai mais ou menos de 1930 a 1960; ou seja, nas décadas do stalinismo. Para a sua nova voga contribuiu a publicação, em 1957, do provocante *Oriental Despotism*, escrito pelo sinólogo ex-marxista K. A. Wittfogel.

Em que consistem as características essenciais do "modo de produção asiático"? Trataremos de resumi-las, baseando-nos não só em textos de Marx e Engels, mas também em alguns dos trabalhos mais recentes a respeito.

1) *Um nível das forças produtivas mais avançado do que o das sociedades tribais primitivas*. Grandes densidades populacionais garantem abundante força de trabalho, o metal já é conhecido (este ponto falha no caso das sociedades mais adiantadas da América pré-colombiana que, embora conhecessem o metal, o utilizaram muito pouco em ferramentas), existe uma agricultura desenvolvida, baseada na irrigação. Quanto às obras de irrigação, em

certas passagens Marx e Engels cedem a um verdadeiro determinismo geográfico, postulando uma "hipótese causal hidráulica" do tipo que já foi discutido por nós.

2) *A existência da comunidade de aldeia*, forma alterada da comunidade primitiva. Os produtores diretos organizam-se em aldeias de estrutura comunitária, em cujo quadro ainda não existe a propriedade privada. Tais comunidades aldeãs apresentam-se como entidades quase totalmente fechadas e autárquicas, cada uma delas sendo a menor célula em que se divide a sociedade, caracterizando-se pela associação das atividades agrícolas e artesanais em termos de uma insuficiente divisão social do trabalho.

3) *A existência de um Estado despótico acima das comunidades de aldeia*, como um resultado da separação entre os produtores diretos e os organizadores da produção. O Estado encarna-se num déspota cujo poder tem uma fundamentação religiosa e que é visto como o dono de todas as terras (não em caráter privado, mas em virtude de sua *função*). O déspota encabeça uma estrutura estatal complexa, que concentra diversas funções: 1º) gerencial: direção e controle da economia, coordenação da divisão do trabalho requerida pela agricultura hidráulica, construção e conservação dos diques, canais, barragens e outras obras de grande envergadura, tudo isto através de hiperdesenvolvida burocracia; 2º) de

defesa: organização militar, construção de muralhas e fortalezas; 3º) religiosas: controle estrito sobre a religião, integrada à sua base de poder.

4) *A relação entre o Estado e as comunidades aldeãs se expressa na chamada "escravidão generalizada".* Isto é, existe uma exploração direta e coletiva exercida sobre as comunidades (cada uma vista como um todo indivisível) pelo Estado, de duas maneiras: 1º) a apropriação, pelo Estado, do excedente produzido pelas comunidades, sob a forma de *tributos*; 2º) a exigência do fornecimento de equipes de trabalho pelas comunidades, para a realização de obras públicas ou mesmo de obras do interesse pessoal do rei ou do grupo dirigente. Os excedentes coletados em forma de imposto são usados pelo Estado para sustentar uma *aristocracia de função* (isto é, cuja posição social não decorre da propriedade privada e sim do exercício de funções em princípio revogáveis) que cerca o déspota – burocratas, sacerdotes, guerreiros – e para armazenamento em previsão de épocas de carência.

5) *Embora existam escravos no sentido comum do termo, não constituem a base da produção social.* Tal base são as comunidades aldeãs, e os escravos são domésticos, ou quando muito têm importância econômica apenas setorial.

6) *A inexistência de comércio e artesanato como atividades suficientemente autônomas para alterar a ordem social.*

O excedente de que se apropria a nobreza de função faz dela um mercado consumidor e possibilita o desenvolvimento de atividades mercantis. Uma parte de tal excedente é exportada em troca de matérias-primas que servem às construções e a um artesanato já desenvolvido, voltado para a produção de artigos de luxo consumidos pela elite ou trocados no mercado internacional. O Estado monopoliza e regulamenta estritamente a indústria e o comércio externo, na totalidade ou na sua parte mais significativa, e nestas condições torna-se impossível a formação de uma classe mercantil independente. Assim, artesanato e comércio constituem atividades marginais continuamente absorvidas pelo modelo dominante. Não se estabelece o intercâmbio cidade-campo, a relação é unilateral no sentido campo-cidade, através do fornecimento de produtos agrícolas pelo campo às cidades parasitas.

7) *A tendência à estagnação.* A coerência interna e a simplicidade deste tipo de sociedade, o caráter praticamente indestrutível da comunidade de aldeia, conduzem o modo de produção asiático a um alto grau de estabilidade. Uma vez esgotadas as virtualidades permitidas pelo nível técnico, a sociedade "asiática" tende à estagnação. A imutabilidade do organismo produtivo de base contrasta com as "tempestades da área política": revoltas palacianas, invasões, mudanças de dinastia,

nada altera no essencial o funcionamento das comunidades aldeãs. A alta taxa dos impostos e a ausência quase total de relações comerciais entre o mundo rural e as cidades contribuem para conservar imutáveis ou pouco variáveis as técnicas e hábitos agrícolas.

Deve notar-se, porém, que, da lista de características que acabamos de expor, nem sempre estão presentes todas nas análises que procuram aplicar a noção de "modo de produção asiático". Tanto em Marx quanto hoje em dia, tal noção de fato oscila entre duas modalidades: 1) a que sublinha mais as obras de irrigação, o Estado despótico e a ausência de propriedade privada; 2) a que concede maior importância à existência de comunidades autárquicas em sociedades que já apresentam diferenciação social e estruturas estatais.

Outrossim, a primeira finalidade do conceito de "modo de produção asiático" foi tratar de explicar as diferenças *na própria época de Marx* entre a Europa, por um lado, e países como a Índia e a China, por outro lado. Mas, ao salientar preferencialmente (no texto conhecido como *Grundrisse* em particular) a persistência das comunidades agrárias auto-subsistentes em Estados primitivos, Marx o tornou aplicável a outros tipos de sociedades, entre as quais o Egito faraônico. Em outros termos, o "modo de produção asiático" se converte, assim, numa das formas possíveis – entre diversas outras

– da passagem de uma sociedade tribal comunitária a uma sociedade de classes e com Estado desenvolvida. Enquanto o primeiro enfoque mencionado acima é hoje impossível de defender, o segundo tem rendido frutos não desprezíveis. Por esta razão – e por outras que seria longo discutir – não achamos aceitáveis as críticas radicais à ideia de um "modo de produção asiático" que encontramos em autores como Perry Anderson, Ernest Mandel ou B. Hindess e P. Hirst (ver, principalmente: Perry Anderson, "The Asiatic Mode of Production", *in* P. Anderson, *Lineages of the Absolutist State*, Londres, Verso, 1979, pp. 462-549 apêndice B). Afinal, pouco importa que tal noção tenha antecedentes um tanto espúrios na moderna ideologia ocidental ou que sua primeira razão de ser tenha fracassado, se em outra fase da sua elaboração e uso tornou-se um instrumento de análise útil, ao preço quiçá de necessárias correções.

Aqui só nos interessa, na verdade, avaliar a aplicabilidade do modelo exposto ao caso em estudo: o Egito faraônico. Já vimos em outros lugares deste texto que o primeiro em parte e, na sua totalidade, o último dos tópicos mencionados – isto é, as hipóteses da "causalidade hidráulica" e da "estagnação" – são inaceitáveis. No entanto, os outros elementos do modelo parecem constituir uma aproximação bastante aceitável à lógica do funcionamento da sociedade egípcia. De fato, o Egito antigo talvez constitua o caso histórico que melhor reflete tal modelo, em virtude de um controle mais persistente exercido pelo Estado sobre as tentativas de formação de uma propriedade privada (a qual existiu, mas não a ponto de alterar o esquema social básico) e sobre as atividades artesanais e mercantis. Uma urbanização menos desenvolvida e forças produtivas no conjunto menos ricas do que na Mesopotâmia devem ter ajudado a que tais controles pudessem ser mantidos, pelo menos nas épocas de centralização estatal. Deve-se confessar, todavia, que tudo aquilo que for dito acerca das "comunidades aldeãs" egípcias permanecerá – talvez para sempre – exclusivamente no âmbito de uma hipótese plausível de trabalho, mercê de uma documentação das mais insuficientes a respeito da organização das massas rurais do Egito antigo. Neste ponto, a Baixa Mesopotâmia apresenta documentos bem mais abundantes (embora insuficientes de qualquer maneira). Parece-nos, no entanto, que os indícios disponíveis apontam na direção de uma relação unilateral predominante entre campo e cidade (e, portanto, na de uma necessária união de agricultura e artesanato – aliás comprovada historicamente – nas zonas rurais); e da persistência, em função das necessidades da agricultura irrigada, de vínculos comunitários nas aldeias, embora estas claramente não fossem *igualitárias*.

Em suma, o modelo do "modo de produção asiático", com alguns retoques necessários, ainda nos parece, entre os disponíveis, o que mais ajuda a entender as articulações internas de uma formação social como a que estudamos neste livro.

Indicações para Leitura

Dentre as sínteses disponíveis em português, citaremos apenas três: Cyril Aldred, *Os Egípcios*, col. "História Mundi", nº 2, Lisboa, Editorial Verbo, 1972 (ênfase na visão arqueológica); Lionel Casson, *O Antigo Egito*, Rio de Janeiro, Livraria José Olympio, 1969 (visão de conjunto bem ilustrada); Federico A. Arborio Mella, *O Egito dos Faraós*, São Paulo, Hemus Editora, 1981 (compilação feita segundo princípios duvidosos de seleção dos materiais, mas informativa).

As sínteses em outras línguas são inúmeras. Eis aqui algumas das mais atualizadas: T. G. H. James, *An Introduction to Ancient Egypt*, Londres, British Museum

Publications, 1979; John Baines e Jaromír Málek, *Atlas of Ancient Egypt*, Oxford, Phaidon, 1980 (excelentes mapas e ilustrações); G. Mokhtar (ed.), *Histoire générale de l'Afrique*, II. *Afrique ancienne*, Paris, Jeune Afrique-Stock-UNESCO, 1980, capítulos 1 a 5. Outras introduções de valor são: os capítulos pertinentes de *Los imperios del antiguo oriente*, "Historia Universal Siglo XXI", vols. 2 a 4; Jacquetta Hawkes, *The First Great Civilizations, Nova Iorque*, Alfred A. Knopf, 1973, partes II, VI e VII; Pierre Montet, *L'Egypte éternelle*, Verviers, Marabout, 1979; John A. Wilson, *La cultura egipcia*, México, Fondo de Cultura Económica, 1972 (4ª reimpressão); Alan Gardiner, *Egypt of the Pharaohs*, Londres, Oxford University Press, 1974 (reimpressão).

Para as questões do povoamento pré-histórico e das fases anteriores à unificação, ver duas obras atualizadas: *Le peuplement de l'Egypte ancienne et le déchiffrement de l'écriture méro tique.* Actes du coloque tenu au Caire du 28 janvier au 3 février 1974, Paris, UNESCO, 1978; Michael A. Hoffman, *Egypt Before the Pharaohs*, Londres, Routledge & Kegan Paul,1980.

Daremos agora uma seleção de trabalhos relativos a diferentes períodos da história do Egito faraônico. Cyril Aldred, *Egypt to the end of the Old Kingdom*, Londres, Thames and Hudson, 1978 (reeimpressão); J. J. Clère, "Histoire des XIe et XIIe dynasties égyptiennes", *in*

Cahiers d'Histoire Monndiale, I, nº 3, janeiro de 1954 (Paris), pp. 643-668; B. J. Kemp, "Imperialism and Empire in New Kingdom Egypt", in P. D. A. Garnsey e C. R. Whittaker (eds.), *Imperialism in the Ancient World*, Cambridge, Cambridge University Press, 1978, pp. 7-57; Cyril Aldred, *Akhenaten: Pharaoh of Egypt*, Londres, Abacus-Sphere Books, 1972; Christiane Desroches-Noblecourt, *Tutankhamen. Lile and Death of a Pharaoh*, Harmondsworth, Penguin Books, 1972 (reimpressão); K. A. Kitchen, *The Third Intermediate Period in Egypt* (1100-650 B.G.), Warminster, Aris & Phillips, 1973.

As técnicas de produção recebem tratamento detalhado em: Henry Hodges, *Technology in the Anncient World*, Harmondsworth, Penguin Books, 1971; R. Engelbach, "Procedimientos mecánicos y técnicos. Materiales", *in* S. R. K. Glanville (ed.), *El legado de Egipto*, Madri, Ediciones Pegaso, 1950, pp. 191-247. Uma visão de conjunto bastante adequada das estruturas econômico-sociais se encontra em: Leonard Woolley, "Los comienzos de la civilización", in J. Hawkes e L. Woolley, *Historia de la humanidad. Desarrollo cultural y científico*, I, Buenos Aires, Editorial Sudamericana, 1966, 2ª parte, capítulos I a V. Sobre aspectos de História Social, ver: François Daumas, *La vie dans l'Egypte anciennne*, Paris, Presses Universitaires de France, 1968; Paul Garelli e Serge Sauneron, *El trabajo bajo los primeros estados*,

Barcelona, Grijalbo, 1974; Pierre Montet, *La vida cotidiana en Egipto en tiempos de los Ramsés*, Buenos Aires, Librería Hachette, 1964. Especificamente acerca da noção de "modo de produção asiático" e da "hipótese causal hidráulica", consultar: Anne M. Baileye Josep R. Llobera (eds.), *The Asiatic Mode of Production*, Londres, Routledge & Kegan Paul, 1981; Karl W. Butzer, *Early Hydrauulic Civilization in Egypt*, Chicago, University of Chicago Press, 1976; Ahmad Sadek Saad, *L'Egypte pharaonique (Autour du mode de production asiatique)*, "Cahiers du C.E.R.M.", n.º 122, Paris, Centre d'Etudes et de Recherches Marxistes, 1975 (mimeografado). E sobre a propriedade da terra, ver: Bernadette Menu e Ibram Harari, "La notion de propriété privée dans l'ancien Empire Egyptien" , *in Etudes sur L'Egypte et le Soudan anciens*, nª 2, 1974 (Lille), pp.125-154.

O melhor manual de iniciação à escrita hieroglífica ainda é: Alan Gardiner, *Egyptian Grammar*, Londres, Oxford University Press, 1950 (2ª ed.). Mais simples – mas também muito menos completos – são: Jean Capart, *Je lis les hiéroglyphes*, Bruxelas, Presses Universitaires de Bruxelles, 1958; E. A. Wallis Budge, *Egyptian Language*, Londres, Routledge and Kegan Paul, 1966 (9ª ed.). Um dicionário cômodo é: Raymond O. Faulkner, *A Concise Dictionary of Middle Egyptian*, Oxford, Griffith Institute-University Press, 1976. Existem boas coletâneas de traduções de textos egípcios antigos. Eis algumas das mais acessíveis: Gustave Lefebvre, *Romans et contes égyptiens de l'époque pharaonique*, Paris, Adrien Maisonneuve, 1976; James B. Pritchard (ed.), *The Ancient Near East*, 2 vols., Princeton, Princeton University Press, 1973; Adolf Erman, *The Ancient Egyptians. A Sourcebook of their Writings*, Gloucesster (Mass.), Peter Smith, 1978; William Kelly Simpson (ed.), *The Literature of Ancient Egypt*, New Haven, Yale University Press, 1973. Há também numerosas traduções do *Livro dos Mortos*; por exemmplo: *El libro de los muertos*, tradução e prólogo de Juan A. G. Larraya, Barcelona, José Janés, 1953.

A religião egípcia tem enorme bibliografia. Entre os manuais antigos, um dos melhores é o de A. Erman, *La religion des Égyptiens*, Paris, Payot, 1952. Ver ainda: Philippe Derchain, "La religión egípcia", *in* Henri-Charles Puech (ed.), *Las religiones antiguas*, I, México, Siglo XXI, 1977, pp. 101-192 (excelente síntese); Serge Sauneron, *The Priests of Ancient Egypt*, Nova Iorque, Grove Press, 1980 (o original em francês já não se encontra facilmente); François Daumas, *Les dieux de L'Egypte*, Paris, Presses Universitaires de France, 1970; S. Morenz, *La religion égyptienne*, Paris, Payot, 1977; J. Sainte Fare Garnot, *La vida religiosa en el antiguo Egipto*, Buenos Aires, Editorial Universitaria de Buenos Aires, 1964.

Acerca das características gerais do pensamento egípcio, ver: Jean Yoyotte, "El pensamiento prefilosófico en Egipto", *in* Brice Parain (ed.), *El pensamiento prefilosólico y oriental*, Madri, Siglo XXI de España, 1971, pp. 10-29. E acerca da arte egípcia: Hermann Kees, *Arte egipcio*, Barcelona, Editorial Labor, 1933; Wilhelm Worringer, *El arte egipcio*, Buenos Aires, Ediciones Nueva Visión, 1965 (defende idéias muito heterodoxas); J. Vandier, *Manuel d'archéologie égyptienne*, tomo IV, *Bas-reliefs et peintures. Scènes de la vie quotidienne*, Paris, Editions A. et J. Picard, 1964; Jacques Vandier, *La sculpture égyptienne*, Paris, Fernand Hazan, 1951; G. Jéquier, *Manuel d'archéologie égyptienne*, I. *Les éléments de l'architecture*, Paris, Auguste Picard, 1924.

Sobre o Autor

Ciro Flamarion Santana Cardoso nasceu em Goiânia em 1942. Cursou História na Universidade Federal do Rio de Janeiro, formando-se em 1965. Depois de lecionar durante dois anos na mesma universidade e na Universidade Católica de Petrópolis, empreendeu estudo de pós-graduação em História, concluindo em 1971 o Doutorado na Universidade de Paris X (Nanterre).

Foi, em seguida, pesquisador do Programa Centro-Americano de Ciências Sociais, na Costa Rica (1971-1975), e do Instituto Nacional de Antropologia e História, no México (1976-1979). Como professor convidado, lecionou na sede mexicana da Faculdade Latino-Americana de Ciências Sociais (FLACSO), no Colégio do México, na universidade inglesa de Oxford e na Universidade de Amsterdã. Como professor de quadro, ensinou na Universidade da Costa Rica e na Universidade Nacional, também na Costa Rica. Desde março de 1979 é professor do Mestrado em História da Universidade Federal Fluminense (Niterói).

Obras principais: em colaboração com Héctor Pérez Brignoli, diversos livros, como *El concepto de clases sociales* (Madri, 1977), *Centroamérica y la economía occidental* (San José, 1977), *Historia económica da América Latina*, 2 vols. (Barcelona, 1979), *Os Métodos da História* (Rio, 1979, trad,), Outros livros: *Agricultura, escravidão e capitalismo* (Petrópolis, 1979), *La historia como ciencia* (San José, 1975). *América pré-Colombiana* (Coleção Tudo é História, Brasiliense, 1981) e *Introdução à História* (Coleção Primeiros Voos, Brasiliense, 1981). Publicou numerosos artigos e capítulos no México, no Brasil, na França e na Inglaterra.